T0194353

REALIEN ZUR LITERATUR
ABT. D:
LITERATURGESCHICHTE

GOTTFRIED WEBER
UND
WERNER HOFFMANN

Gottfried
von Straßburg

5., von WERNER HOFFMANN
bearbeitete Auflage

MCMLXXXI
J. B. METZLERSCHE VERLAGSBUCHHANDLUNG
STUTTGART

1. Aufl. (1.– 4. Tsd.) April 1962
2. Aufl. (5.– 8. Tsd.) April 1965
3. Aufl. (9.–12. Tsd.) Juni 1968
4. Aufl. (13.–16. Tsd.) Juni 1973
5. Aufl. (17.–21. Tsd.) September 1981

CIP-Kurztitelaufnahme der Deutschen Bibliothek

Weber, Gottfried:
Gottfried von Straßburg / Gottfried Weber u.
Werner Hoffmann. – 5., von Werner Hoffmann
bearb. Aufl. – Stuttgart: Metzler, 1981.
  (Sammlung Metzler; M 15: Abt. D, Literatur-
  geschichte)
  ISBN 978-3-476-15015-8
NE: Hoffmann, Werner; GT

ISBN 978-3-476-15015-8
ISBN 978-3-476-04141-8 (eBook)
DOI 10.1007/978-3-476-04141-8

M 15

Wenn ein Dichter, über den wir kaum etwas wissen, und sein Werk, von dem nur wenige Fakten sicher sind, dessen Deutung aber in hohem Maße kontrovers ist, in einer auf die ›Realien‹ zielenden Darstellung präsentiert werden sollen, dann liegt es nahe, in dieser besonders die unterschiedlichen Forschungspositionen zu referieren und die strittigen Probleme zu kennzeichnen. So ist es in dem Bändchen über Gottfried von Straßburg von Anfang an geschehen, und ich habe, in Übereinstimmung mit Gottfried Weber, die stark forschungsgeschichtliche Orientierung auch in der neubearbeiteten 5. Auflage beibehalten und im Hinblick auf die neuere Forschung, ihre Ansätze und Ergebnisse wie ihre Problematik, sogar noch ausgedehnt. Die Aktualisierung erstreckt sich natürlich nicht zuletzt auf die Literaturangaben. Hans-Hugo Steinhoffs ausgezeichnete ›Bibliographie zu Gottfried von Straßburg‹ aus dem Jahre 1971 erlaubt es, die älteren Arbeiten in relativ straffer Auswahl zu verzeichnen; die jüngeren und namentlich die von Steinhoff nicht mehr erfaßten Beiträge zum ›Tristan‹ aus den siebziger Jahren sind dagegen in einer sehr viel breiteren Auswahl aufgenommen. Sie alle für die Darstellung auszuwerten war allein schon aus Raumgründen unmöglich. Auch kam es mir mehr darauf an, eine Reihe von zentralen Aspekten des ›Tristan‹ und seiner nach wie vor umstrittenen Deutung innerhalb des vorgegebenen Rahmens einigermaßen umfassend aufzuzeigen, als eine unvermeidlicherweise verwirrende Fülle von Einzelheiten auszubreiten und zu diskutieren.

Stellennachweisen und Zitaten aus Gottfrieds ›Tristan‹ liegt die Ausgabe Friedrich Rankes zugrunde. In den gleichfalls verbreiteten Ausgaben des ›Tristan‹ durch Karl Marold sowie Reinhold Bechstein/Peter Ganz ergeben sich geringfügige Abweichungen in der Verszählung gegenüber der Rankeschen Ausgabe: Von Vers 241 bis 5266 (nach Ranke) bleibt diejenige der beiden anderen Ausgaben um jeweils zwei Verse zurück, von Vers 5267 an ist sie in ihnen der Rankeschen Zählung um vier Verse voraus, da Ranke nach Vers 5266 seines Textes sechs Verse als unecht athetiert hat.

Mannheim, im Juni 1981   W. H.

V

INHALT

Zeitschriften, Sammelwerke, wissenschaftliche Reihen:

ABÄG	Amsterdamer Beiträge zur Älteren Germanistik
ADB	Allgemeine Deutsche Biographie
AfdA	Anzeiger für deutsches Altertum und deutsche Literatur
Arch.	Archiv für das Studium der neueren Sprachen und Literaturen
ATB	Altdeutsche Textbibliothek
AUMLA	Journal of the Australasian Universities Language and Literature Association
Beitr.	Beiträge zur Geschichte der deutschen Sprache und Literatur
CCM	Cahiers de Civilisation Médiévale
DPh	Deutsche Philologie im Aufriß, hg. von Wolfgang Stammler
DU	Der Deutschunterricht (Stuttgart)
DVjs.	Deutsche Vierteljahrsschrift für Literaturwissenschaft und Geistesgeschichte
Et. Germ.	Etudes Germaniques
Euph.	Euphorion. Zeitschrift für Literaturgeschichte
GAG	Göppinger Arbeiten zur Germanistik
GLL	German Life and Letters
GR	The Germanic Review
GRM	Germanisch-Romanische Monatsschrift
Hist. Jb.	Historisches Jahrbuch
JbIG	Jahrbuch für Internationale Germanistik
JEGPh	Journal of English and Germanic Philology
Kürschners DNL	Deutsche National-Litteratur. Historisch kritische Ausgabe, hg. von Joseph Kürschner
Leuv. Bijdr.	Leuvense Bijdragen
LiLi	LiLi. Zeitschrift für Literaturwissenschaft und Linguistik
MDU	Monatshefte für deutschen Unterricht, deutsche Sprache und Literatur
Med. Aev.	Medium Aevum
Mlat. Jb.	Mittellateinisches Jahrbuch
MLQ	Modern Language Quarterly
MLR	The Modern Language Review
MSB	Sitzungsberichte der Akademie der Wissenschaften zu München. Philosophisch-philologische und historische Klasse
MTU	Münchener Texte und Untersuchungen zur deutschen Literatur des Mittelalters
NDB	Neue Deutsche Biographie

NdJb.	Jahrbuch des Vereins für niederdeutsche Sprachforschung
Neophil.	Neophilologus
PhStQ	Philologische Studien und Quellen
PMLA	Publications of the Modern Language Association of America
RG	Revue Germanique
RUB	Reclams Universal-Bibliothek
SM	Sammlung Metzler. Realien zur Literatur
THSC	Transactions of the Honourable Society of Cymmrodorion
Triv.	Trivium
UTB	Uni-Taschenbücher
VL	Die deutsche Literatur des Mittelalters. Verfasserlexikon [1. Auflage], hg. von Wolfgang Stammler und Karl Langosch. 2., völlig neu bearbeitete Auflage, hg. von Kurt Ruh u. a.
WB	Weimarer Beiträge. Zeitschrift für Literaturwissenschaft, Ästhetik und Kulturtheorie
WdF	Wege der Forschung
WdF, Bd. 57	Wolfram von Eschenbach, hg. von Heinz Rupp, 1966 (= WdF, Bd. 57)
WdF, Bd. 320	Gottfried von Straßburg, hg. von Alois Wolf, 1973 (= WdF, Bd. 320)
WW	Wirkendes Wort
WZGreifswald	Wissenschaftliche Zeitschrift der Ernst-Moritz-Arndt-Universität Greifswald. Gesellschafts- und Sprachwissenschaftliche Reihe
ZfdA	Zeitschrift für deutsches Altertum und deutsche Literatur
ZfDk	Zeitschrift für Deutschkunde
ZfdPh	Zeitschrift für deutsche Philologie
ZfG	Zeitschrift für Germanistik
ZföG	Zeitschrift für die österreichischen Gymnasien
ZfrPh	Zeitschrift für romanische Philologie

Andere Abkürzungen

Abh.	Abhandlung	Jg.	Jahrgang
Anm.	Anmerkung	Jh.	Jahrhundert
Aufl.	Auflage	NF	Neue Folge
Bd., Bde.	Band, Bände	o. J.	ohne Jahr
Diss.	Dissertation	S.	Seite
H.	Heft	Sp.	Spalte
hg.	herausgegeben	v.	Vers
Hs.	Handschrift		

I. Kapitel
Zur Person des Dichters

Über das Leben und die Lebensverhältnisse Gottfrieds von Straßburg ist uns nichts bekannt. Keine Urkunde, kein anderes Zeugnis berichtet etwas von seinem Leben. Alle aufgestellten ins einzelne gehenden Hypothesen über die Lebensumstände Gottfrieds haben sich als unhaltbar erwiesen. Aus dem ›Tristan‹ erfahren wir nicht einmal seinen Namen. Es ist wahrscheinlich, aber doch nicht unbedingt sicher, daß der Dichter sich am Schlusse seines unvollendet gebliebenen Werkes genannt haben würde. Dennoch ist Gottfrieds Verfasserschaft über jeden Zweifel erhaben und auch nie in Frage gestellt worden. Spätere Dichter haben ihn genannt und bezeugen ihn als Verfasser des ›Tristan‹, darunter auch die Fortsetzer seines Romans, Ulrich von Türheim und Heinrich von Freiberg (vgl. S. 46 f.). Weitere Bezeugungen seines Namens begegnen im ›Alexander‹ und im ›Wilhelm von Orlens‹ des Rudolf von Ems, in dem ›Herzmaere‹ und in der ›Goldenen Schmiede‹ Konrads von Würzburg sowie im ›Gaurel von Muntabel‹ Konrads von Stoffeln(?) und im ›Wilhelm von Österreich‹ des Johann von Würzburg. Noch Dichtern des 15. Jh.s ist Gottfried bekannt, doch ist ihr Zeugnis nur von geringer Bedeutung. Durch die Angaben der Dichter des 13. Jh.s ist auch Straßburg als Gottfrieds Heimat sichergestellt, auf die im übrigen auch seine Sprache und wohl auch die Überlieferung des ›Tristan‹ hinweisen (vgl. S. 14 f.). Die beiden ›Tristan‹-Fortsetzer beklagen in den Einleitungen ihrer Werke Gottfrieds Tod, der ihn an der Vollendung des ›Tristan‹ gehindert habe.

> ôwê der herzelîcher klage,
> daz ime der tôt sîn lebende tage
> leider ê der zît zebrach,
> daz er diz buoch niht vollesprach!

(Ulrich von Türheim, v. 15–18)

> got unser schepfer daz gebôt,
> daz in genumen hât der tôt
> hin von dirre broeden werlt.

(Heinrich von Freiberg, v. 31–33; dazu v. 40 ff.:

> sint daz er diz buoch verlie
> und sîn nicht hât voltichtet...)

Als reine Phantastik hat sich sehr bald die These J. M. *Watterichs* (Gottfried von Straßburg, ein Sänger der Gottesminne, 1858) herausgestellt, nicht der Tod, sondern innere Umkehr habe den Dichter an der Vollendung seines Romans gehindert: Gottfried habe auf Befehl seiner Geliebten an einem Kreuzzug teilgenommen und sei als ein innerlich Gewandelter zurückgekehrt; er habe sich, wahrscheinlich noch während der Kreuzfahrt, dem aufblühenden Franziskanerorden angeschlossen.

Gottfried dürfte seine Arbeit am ›Tristan‹ nicht lange nach 1210 abgebrochen haben. Wenn man dies in einen Zusammenhang mit seinem Tode bringt – was eine immerhin naheliegende Annahme ist –, dann fiele sein Tod in das dritte Quinquennium des 13. Jh.s. Aber wir wissen nicht, in welchem Alter der Dichter gestorben ist, und somit nichts auch nur Ungefähres über das Jahr seiner Geburt und die Dauer seines Lebens. Man nimmt im allgemeinen an, daß Gottfried in seinen besten Jahren verstorben sei, »sicherlich nicht hohen Alters« (Helmut *de Boor*, in: Die großen Deutschen, Bd. 5, S. 58), und diese Ansicht hat unseres Erachtens vieles für sich. Aber ganz ohne Bedeutung dürfte auf der anderen Seite auch das argumentum ex silentio nicht sein, auf das Hermann *Fischer* hingewiesen hat (MSB, 1916, 5. Abh., S. 15/16), daß sich nämlich bei Ulrich von Türheim und Heinrich von Freiberg keine Klage über den – im Hinblick auf das Lebensalter – *frühen* Tod Gottfrieds findet.

Die im großen und ganzen sichere Datierung des ›Tristan‹ (Näheres s. unten, S. 17 ff.) erlaubt es, den zeitgeschichtlichen Hintergrund für Gottfrieds Leben und Schaffen nachzuzeichnen. Straßburg, die alte Bischofsstadt und bedeutende Handelsstadt, deren Einwohnerzahl um die Wende vom 12. zum 13. Jh. auf etwa 10000 geschätzt wird, erlebte zur Zeit Gottfrieds nicht nur einen lebhaften wirtschaftlichen Aufschwung, sondern auch heftige innerstädtische Auseinandersetzungen. Es kam zum offenen Konflikt zwischen Bischof Heinrich II. von Veringen (1202–1223) als Stadtherrn und dem Patriziat der Stadt, ein Konflikt, der zunächst wiederum verflochten war in den staufisch-welfischen Thronstreit: der Bischof stellte sich auf die Seite des Welfen Otto IV., die Bürgerschaft auf die Philipps von Schwaben. 1205 konnten die Stadtbürger, 1214, schon unter Friedrich II., noch einmal der Bischof, aber 1219 dann wieder die Bürger Erfolge in dieser Auseinandersetzung für sich buchen. Die rechtliche Konstituierung des Rates, die der König 1219 bestätigte, bedeutete die Einschränkung der bischöflichen Macht. Dem Stadtherrn steht fortan das selbstbewußte Patriziat gegenüber, bestehend aus den *cives maiores* und *divites* sowie aus der bischöflichen Ministerialität, die sich teilweise mit der bürgerlichen Oberschicht verband und mit ihr verschmolz.

Doch nicht allein wirtschaftlicher Aufschwung und politische

Spannungen kennzeichnen die Lage in Straßburg zu Beginn des 13. Jh.s, vielmehr griffen auch religiös-geistige Bewegungen der Zeit auf die Stadt über. Sichtbarster Ausdruck ist der berühmte Ketzerprozeß, d. h. ein Prozeß gegen Anhänger der katharischen Lehre, der im Jahre 1212 in Straßburg stattfand und der mit der Verbrennung von etwa 80 Menschen endete. Es fehlt nicht an Forschern, die in Gottfried einen Adepten der katharischen Lehre sehen und die im ›Tristan‹ katharisches Gedankengut finden (vgl. unten, S. 7 und S. 85) und dabei auch einen Zusammenhang zwischen dem Katharerprozeß und dem ›Tristan‹ annehmen, so im Hinblick auf dessen fragmentarischen Charakter. Unabhängig von dieser auf Grundsätzliches zielenden Frage könnte immerhin ein aktueller Bezug eines Motivs des ›Tristan‹ auf diesen Prozeß vorliegen, nämlich mit dem Motiv des Gottesurteils und Gottfrieds Kommentar dazu (vgl. unten, S. 99), wurde doch in dem Prozeß das Ordal des glühenden Eisens als Beweismittel eingesetzt. Gottfrieds Äußerung (v. 15733–15750) wäre dann als eine direkte kritische Stellungnahme zu dem Straßburger Verfahren und als Kritik an dem Bischof zu verstehen (so zuletzt Peter *Ganz*, Einleitung zu seiner ›Tristan‹-Ausgabe, S. XIIIf.). Doch setzt diese Deutung voraus, daß wenigstens die entsprechende Partie des ›Tristan‹ erst 1212 oder danach geschrieben worden sei – was durchaus nicht beweisbar ist. Im übrigen gibt es keinerlei unmittelbare Bezugnahme Gottfrieds auf die skizzierten geschichtlichen Geschehnisse, keine Widerspiegelung historischer Ereignisse im ›Tristan‹, was auch Peter *Ganz* betont: »Auf jeden Fall ist der Roman kein einfaches Spiegelbild der Straßburger Gegenwart« (Einleitung, S. XIV). Zur Frage, inwiefern dem ›Tristan‹ gleichwohl typisch bürgerliche Züge eignen (oder gar ein insgesamt bürgerlicher Charakter), vgl. unten, S. 89ff.

Wenn wir sagten, daß Gottfried sich in seinem Roman nicht nenne, so ist diese Feststellung allerdings dahingehend zu modifizieren, daß der ›Tristan‹ ein Akrostichon aufweist, das Gottfrieds Namen zu enthalten scheint. Das Akrostichon der elf vierzeiligen Eingangsstrophen und der folgenden Verszeile (v. 1, 5, 9, 13, 17, 21, 25, 29, 33, 37, 41, 45) ergibt die Buchstabenfolge G DIETERICH T I. Das ›G‹ wird allgemein als ›Gottfried‹ aufgelöst, doch muß auch mit der Möglichkeit gerechnet werden, daß es als der Anfangsbuchstabe von *grâve* aufzufassen ist (vgl. R. *Bechstein*, ADB, Bd. 36, S. 502, und H. *Fischer*, S. 25). Es würde dann also den Titel jenes Dieterich bezeichnen, in dem man den Gönner Gottfrieds sieht, dem der Dichter sein Werk gewidmet hat. Auch über ihn wissen wir nichts. (Gerda *Sälzers* neuer Versuch, Gottfrieds Gönner in der Familie des Grafen von Dagsburg zu finden, ist ohne Verbindlichkeit.) Es läßt sich bei ihm ebensowohl an einen Angehörigen des Straßburger Stadtpatriziats wie an ein Mitglied eines elsässischen Adelsgeschlechtes denken. ›T‹ und ›I‹ sind zweifellos die Initialen der Helden des Romans.

Nur Vermutungen können wir auch in bezug auf Gottfrieds Stand und Beruf äußern, über den in der Forschung noch keine Einigung erzielt ist. Übereinstimmung herrscht einmal darüber, daß Gottfried kein Ritter gewesen ist, wofür sowohl innere als auch äußere Gründe sprechen. Innere Gründe: das meint sein Verhältnis zum Rittertum, wie es sich aus dem ›Tristan‹ ergibt: Gottfried ist »allem spezifisch Ritterlichen [etwa im Sinne des *âventiure*-Rittertums] gegenüber ablehnend, zum mindesten teilnahmlos« (Friedrich *Ranke*, Tristan und Isold, S. 177) – aber ganz und gar nicht, wie sogleich hinzugefügt werden muß, gegenüber dem Kultiviert-Höfischen, dem Ästhetisch-Verfeinerten der höfischen Kultur, für das Gottfried besonders aufgeschlossen ist. (Es ist symptomatisch, daß im ›Tristan‹ das Wort *hövesch* rund hundertmal gebraucht wird, das ist siebenmal häufiger als das Wort *ritterlich*.) Und äußere, in diesem Falle kaum weniger gewichtige Gründe: Von allen Hauptzeugen wird Gottfried nicht *her*, sondern *meister* genannt, von Ulrich von Türheim (v. 4), Heinrich von Freiberg (v. 15/16), Rudolf von Ems (›Wilhelm von Orlens‹, v. 2185/86, ›Alexander‹, v. 20621 [*der wîse meister Gotfrit*, v. 3153 nur *der wîse Gotfrit*]) und Konrad von Würzburg (›Herzmaere‹, v. 9, ›Die goldene Schmiede‹, v. 97), aber auch in der Großen Heidelberger Liederhandschrift (C, auch als Manessische Handschrift bekannt), die ihm auch – ebenso bezeichnend – kein Wappen beilegt. Der Dichter des ›Gauriel von Muntabel‹, vielleicht Konrad von Stoffeln, aus der zweiten Hälfte des 13. Jh.s hat die unterschiedliche Titulierung besonders deutlich hervorgehoben: *meister Gotfrit unt hêr Hartman, / von Eschenbach hêr Wolfram* (v. 29f.). Dennoch muß man sich vor einer allzu weitgehenden Ausdeutung der Kontrastierung ›Herr‹ – ›Meister‹ hüten, denn die Titel *her* und *meister* sind durchaus mehrdeutig. Das gilt bereits für *her*: *her* ist nicht nur die offizielle Anrede des Ritters und des Geistlichen, sondern kann als Höflichkeitsbezeigung auch einem Bürgerlichen gegenüber gebraucht werden. Es gilt noch mehr für den im vorliegenden Zusammenhang wichtigeren Begriffsinhalt von *meister*. *meister* kann nicht einfach als Bezeugung des bürgerlichen Standes des Dichters aufgefaßt werden, denn es hat nicht allein eine soziale Bedeutung, sondern so nannte man im Mittelalter auch jemanden, der in einer der septem artes liberales Hervorra-

4

gendes geleistet hat, also den ›Gelehrten‹ (im späteren 13. Jh. auch einen Meister seines Handwerks, den ›Handwerksmeister‹, und ebenso den Berufsdichter; Gottfried selbst hat in seinem Literaturexkurs den Begriff des *meisters* bereits auf hervorragende Dichter angewandt (v. 4736). Es wäre sogar möglich, daß Gottfried die Magisterwürde erworben hätte (Meister < lat. *magister*!), wofür am ehesten Paris in Frage käme. Auch der Lehrer an einer Dom- oder Stiftsschule, der *magister puerorum*, kann *meister* genannt werden. Übereinstimmung besteht weiterhin darüber, daß Gottfried unter den Dichtern der ›Blütezeit‹ der gelehrteste, gebildetste ist, ein wirklicher *poeta doctus*, der nicht nur die lateinische und die französische Sprache in ungewöhnlichem Maße beherrscht, sondern auch mit antikem Geistesgut, mit theologischen Lehren und Fragen, überdies z. B. mit der Musik zutiefst vertraut ist. Gottfrieds stadtbürgerlicher Lebens- und Wirkungskreis steht außer Zweifel (zu der Frage, inwieweit der ›Tristan‹ nicht nur äußerlich als das Werk eines bürgerlichen Dichters gelten kann, vgl. unten, S. 89ff.). In welcher Stellung man sich ihn allerdings in Straßburg zu denken hat, darüber gehen die Meinungen auseinander.

Die neuere Forschung über diese Frage – die ältere können wir hier übergehen – ist in erster Linie von Ulrich *Stökle*, einem katholischen Theologen, in seiner Dissertation angeregt worden (1915). *Stökles* Anliegen ist es, Gottfrieds positive Christlichkeit und Kirchlichkeit zu erweisen. Soweit er sich über Gottfrieds Religiosität äußert, genügt es, das Urteil eines so zurückhaltend-besonnenen Forschers wie Friedrich *Ranke* anzuführen, der »Stökles mit primitivsten Mitteln unternommenen Versuch, Gottfrieds Frömmigkeit und Kirchlichkeit zu retten«, für »gänzlich mißlungen« hält (Die Allegorie der Minnegrotte in Gottfrieds Tristan, 1925, S. 19, Anm. 3 = WdF, Bd. 320, S. 24, Anm. 21). Uns interessiert hier mehr der Schluß, den *Stökle* aus seinen Darlegungen gezogen hat: Gottfried habe den Kreisen der Geistlichkeit sehr nahe gestanden, ja ihr vielleicht selbst angehört (S. 104). Aufgrund der pädagogischen Kenntnisse und Neigungen, die *Stökle* bei Gottfried beobachtet zu haben glaubt, vermutet er in ihm einen *magister* im Dienste der höheren Geistlichkeit, wenn auch nicht den *magister scholarum* an der Domschule (der ein Kanoniker war, wozu man am Straßburger Domkapitel freiherrlichen Standes sein mußte), so doch einen *magister secund(ari)us* (S. 105). Nun ist Gottfried im ›Tristan‹ in der Tat offensichtlich an Fragen der Erziehung interessiert (Tristans Erziehung, v. 2056–2148). Da er in dem Zwang zum Lernen aber zugleich eine Einschränkung, ja das Zunichtemachen der kindlichen Freiheit sieht (v. 2068f., 2083f.)

und in der Erziehung insgesamt einen ambivalenten Vorgang (vgl. v. 2079–2082), ist es doch fraglich, ob man eine solche Betrachtungsweise gerade einem Lehrer zuschreiben wird. Ausgeschlossen ist das natürlich nicht. K. *Stenzel* hat in seiner nur an dieser einen Stelle weiterführenden Besprechung von *Stökles* Arbeit dessen Vermutung, daß Gottfried wenn nicht dem Klerus, so doch dessen ›Beamtenstab‹ angehört habe, zugestimmt (S. 472), glaubt aber nicht an eine Lehrtätigkeit des Dichters, sondern meint, in ihm eher einen Juristen sehen zu können (S. 473) – eine Hypothese, die angesichts des von Gottfried im ›Tristan‹ bekundeten juristischen Interesses mehr für sich hat als *Stökles* Annahme. Hermann *Fischer*, *Stökles* germanistischer Lehrer, hat sich gleichfalls zu der Ansicht bekannt, Gottfried sei Kleriker gewesen, hat aber auch betont, daß diese These (wie jede andere) nicht beweisbar ist. Dagegen hat es der Benediktinerpater Matthias *Thiel* dann unternommen, den Nachweis zu führen, daß Gottfried nicht dem Kreise der Geistlichkeit angehört habe. Er neigt dazu, in ihm einen Laien zu sehen, und zwar nicht einen ›Bürgerlichen‹, sondern einen von niederem Adel (Ministerialadel) (S. 31 ff.). Wenn *Thiel* nun freilich behauptet, Gottfried zeige keine theologischen Kenntnisse, die mehr als das Verständnis des nizänischen Glaubensbekenntnisses und des Vaterunsers voraussetzten (S. 33; S. 22 hat *Thiel* wenigstens noch hinzugefügt: und der »in würdiger Weise der hl. Messe und der Spendung der Sakramente und Sakramentalien beiwohnt«), dann verfällt er gegenüber *Stökle* in das andere Extrem, das ebensowenig haltbar ist. Die Frage, ob Gottfried ein Geistlicher war, wird auch in der neueren Forschung konträr beantwortet. Isoliert steht dabei die in den fünfziger Jahren von Karl Kurt *Klein* zwar nicht geradezu verfochtene, aber doch erwogene und vermutete Möglichkeit, Gottfried sei ein Ordensmann, ein Mönch oder gar Abt gewesen (Ammann-Festgabe, I. Teil, 1953, S. 84 f. = WdF, Bd. 57, S. 190 f.; Festschrift für Dietrich Kralik, 1954, S. 153) – eine nun allerdings sehr schwer nachvollziehbare Vorstellung.

Das gleiche gilt trotz der versuchten detaillierten Fundierung für die These von Hans *Bayer* (er selbst nennt sie »eine doch wohl plausible Hypothese«, Mlat. Jb. 13, 1978, S. 183), Gottfried von Straßburg sei niemand anders als der mittellateinische Autor Gunther von Pairis, der wohl um die Mitte des 12. Jh.s in der Gegend von Basel geboren wurde, der als Erzieher eines der Söhne Kaiser Friedrichs I. (Konrads, des späteren Herzogs von Schwaben) tätig war, der Friedrich I. und dessen Taten in seinem Epos ›Ligurinus‹ verherrlichte und der in höherem Alter in das oberelsässische Zisterzienserkloster Pairis eintrat. *Bayer* gelangt zu seiner überraschenden Ansicht aufgrund einer Analyse zweier später Schriften von Gunther, der ›Historia Constantinopolitana‹ und des Traktats ›De oratione, ieiunio et elemosyna‹, die ihn zu dem Ergebnis führt, daß diese beiden Werke und der ›Tristan‹ »sowohl im Hinblick auf die formale literarische Gestaltung [etwa die Ironie] als auch in bezug auf die religiös-ethische Heilslehre zahlreiche Gemeinsamkeiten« aufweisen (S. 156). Gunthers von Pairis wie Gottfrieds von Straßburg Werke deutet *Bayer* als ganz erfüllt von neumanichäisch-katharischem Geist. Dazu soll gehören, daß beide »die von dämonischen Kräften beherrschte Welt schlechthin als das Böse und als Hindernis des religiösen Heils« ansehen (S. 176), desgleichen auch die Übereinstimmung in vielen Einzelheiten. Hat *Bayer* aus seinen Beobachtungen zunächst nur die Schlußfolgerung gezogen, es gebe »kaum zwei weitere Repräsentanten der deutschen Literatur- und Geistesgeschichte, die im Hinblick auf die formale Gestaltung, die literarischen Quellen sowie die religiös-ethische Heilslehre so viel gemeinsam haben wie Gunther von Pairis und Gottfried von Straßburg« (S. 180), so geht er dann noch einen Schritt weiter und identifiziert Gunther von Pairis mit Gottfried von Straßburg, »der nach seinem Wirken in der Welt [...] in Pairis Zuflucht nahm oder nehmen mußte« (S. 183), und zwar als Anhänger der Katharer im Zusammenhang mit dem Straßburger Ketzerprozeß des Jahres 1212. »Ebenso wie katharische *perfectae* die ersten Insassen der neugegründeten Dominikanerinnenklöster waren, läßt sich auch vorstellen, daß ein katharischer *perfectus* und Scholasticus, nämlich Gottfried von Straßburg, das klösterliche Leben unter anderem Namen dem Verbrennungstod durch die Inquisition vorzog« (ebd.). *Bayers* Identifizierung Gottfrieds von Straßburg mit Gunther von Pairis beruht auf so vielen Voraussetzungen und Deutungen höchst fraglicher Art, daß diese These wohl keine Zustimmung finden kann.

Freilich muß man nachdrücklich betonen: Wenn Gottfried auch kein Geistlicher gewesen sein muß, so kann er doch Kleriker gewesen sein. *clericus* ist im mittelalterlichen Sinne durchaus nicht mit ›Geistlicher‹ identisch, vielmehr bezeichnet es auch jemanden, der eine Kloster- oder Domschule besucht hat, ohne daß er Geistlicher geworden wäre, sondern der ins ›Weltleben‹ zurückgekehrt ist. Es begegnen sogar Fälle, in denen derjenige ein Kleriker genannt wird, der sich Studien widmet, auch wenn er sich von vornherein nicht für das geistliche Amt vorbereitet. Darum gab es auch *clerici*, die nicht einmal die niederen Weihen besaßen. Man kann in den *clerici* gewissermaßen die ›Akademiker‹ des Mittelalters sehen. Die Gelehrsamkeit Gottfrieds deutet zweifellos auf den Besuch einer Kloster- oder Domschule, möglicherweise sogar auf den einer Universität hin, und man wird in diesem Sinne Gottfried als *clericus* bezeichnen können. Das schließt aber, wie gesagt, keineswegs ein, daß er darum Geistlicher gewesen sein müsse. An einen hohen ›Beamten‹ im Dienste der Stadt oder am bischöflichen

Hofe läßt sich ebensowohl denken. Eindeutig zu beantworten ist die Frage nach Gottfrieds Stellung wohl niemals.

Literatur[1]:

Reinhold *Bechstein*: Gottfried von Straßburg, in: ADB, Bd. 36, 1893, Neudruck 1971, S. 502–506.

Ulrich *Stökle*: Die theologischen Ausdrücke und Wendungen im ›Tristan‹ Gottfrieds von Straßburg, Diss. Tübingen, 1915. [Dazu Karl *Stenzel*, Zs. f. d. Gesch. d. Oberrheins, NF, Bd. 31, 1916, S. 470–473.]

Hermann *Fischer*: Über Gottfried von Straßburg, MSB, Jg. 1916, 5. Abh.

Matthias *Thiel* O. S. B.: Hat Gottfried von Straßburg dem Kreise der Geistlichkeit angehört?, in: Hist. Jb. 41, 1921, S. 20–35.

E[duard] *Heugel*: Gottfried von Straßburg und die französische Sprache, Diss. Heidelberg, 1922 [Masch.-Schr.].

Carl *Wesle*: Gottfried von Straßburg, in: VL, Bd. II, 1936, Sp. 64–75; dazu Nachträge [im wesentlichen bibliographischer Art] von Walter Johannes *Schröder*, Bd. V, 1955, Sp. 271f.

Helmut *de Boor*: Gottfried von Straßburg, in: Die großen Deutschen. Deutsche Biographie, Bd. 5, 1957, S. 57–65.

Hugo *Kuhn*: Gottfried von Straßburg, in: NDB, Bd. 6, 1964, S. 672–676; wieder abgedruckt in: H. K., Text und Theorie (= Kleine Schriften, Bd. 2), 1969, S. 199–205.

Ders.: Gottfried von Straßburg, in: VL, Bd. 3, ²1981, Sp. 153–168.

Michael S. *Batts*: Gottfried von Straßburg, 1971 (= Twayne's World Authors Series. Germany).

Gerda *Sälzer*: Studien zu Gottfried von Straßburg, Diss. Bochum, 1975.

Hans *Bayer*: Gunther von Pairis und Gottfried von Straßburg, in: Mlat. Jb. 13, 1978, S. 140–183.

---

[1] Wir setzen in den Literaturverzeichnissen den Werktitel ›Tristan‹ einheitlich in Anführungszeichen, auch wenn der Verfasser dies nicht getan oder eine andere Form der Hervorhebung des Titels gewählt hat.

II. KAPITEL
GOTTFRIEDS DICHTUNGEN

1. Die Gottfried zugeschriebenen lyrischen Dichtungen

Gottfried von Straßburg, der zumeist nur als der Dichter des ›Tristan‹ bekannt ist, hat auch einige lyrische Gedichte verfaßt. Freilich: Die in den Handschriften unter seinem Namen überlieferten Gedichte sind unecht. Wohl aber glaubt man zwei Sprüche, die in der Großen Heidelberger Liederhandschrift unter dem Namen Ulrichs von Lichtenstein eingeordnet sind, Gottfried zuweisen zu können. Rudolf von Ems, der Gottfried zeitlich viel näher steht als die Schreiber der Handschrift C, nennt in seinem ›Alexander‹ (v. 20621ff.) Gottfried als Dichter eines Spruches ›Vom gläsernen Glück‹ (*Der wîse meister Gotfrit sanc, / daz glesîn gelücke / des veste sî broede und kranc, / ez breche in kleiniu stücke / swenn ez schîn allerbeste*, usw.). Unmittelbar vor diesem Spruch steht in der Handschrift ein anderer im gleichen *dôn* über ›Mein und Dein‹ (›Gegen die Habsucht‹). Man nimmt deshalb an, daß auch dieser Spruch von Gottfried gedichtet ist. Zweifel an der verbreiteten Zuweisung der beiden Strophen an Gottfried hat zuletzt Hugo *Kuhn* geäußert (VL, Bd. 3, ²1981, Sp. 156). Es ist sehr wohl möglich, daß es sich nicht um zwei getrennte ›Sprüche‹ handelt, sondern um die zusammengehörigen Strophen eines ›Spruchliedes‹ (Zusammenfassung zu *einem* Lied jetzt auch in der 36. Auflage von MF, Bd. I, 1977, bearbeitet von Hugo *Moser* und Helmut *Tervooren*, S. 431f.). Sprachlich-stilistische, aber auch gedanklich-inhaltliche Anklänge an den ›Tristan‹ hat bereits Richard *Heinzel* zusammengestellt (Über Gottfried von Straßburg, ZföG 19, 1868). Daß den beiden Strophen nicht die »bezaubernde Sprachgewalt« (Helmut *de Boor*) des ›Tristan‹ eignet, kann schon angesichts der unterschiedlichen Gattungsform und -tradition nicht überraschen. Das Bild von der *vitrea fortuna (daz glesîne gelücke)* stammt übrigens aus den lateinischen ›Sententiae‹ des Publilius Syrus (1. Jh. v. Chr.), die im Mittelalter gut bekannt waren.

Unter dem Namen »Meister Gottfried von Straßburg« überliefert die Handschrift C drei Lieder: 1) ein sehr konventionelles sechsstrophiges Minnelied (*Diu zît ist wunneclich*), von dem fünf Strophen, wiederum unter Gottfrieds Namen, auch in der Kleinen Heidelberger Liederhandschrift (A) enthalten sind. 2) Unmittelbar danach steht ein Marienpreis und Lobgesang auf Christus in 63 Strophen. In der Weingartner Liederhandschrift (B) sind von diesem Loblied 36 Strophen, in der Handschrift K (Karlsruher Handschrift, aus St. Georgen, erste Hälfte des 14. Jh.s) 11 Strophen überliefert, und zwar jeweils ohne Namensnennung und so, daß in jeder der drei Handschriften Strophen enthalten sind, die in den anderen fehlen (vgl. die tabellarische Übersicht, die Ludwig *Wolff* gibt, S. 10). 3) Abermals ohne Trennung von dem vorangehenden Lied folgt ein 13strophiges Gedicht lehrhaften Charakters ›Über die Armut‹. Am wichtigsten von diesen drei Liedern ist der Marienpreis – am wichtigsten auch als Forschungsproblem. Die beiden anderen Lieder stehen sichtlich von Gottfrieds Kunst (und von seinem Weltbild, wie es der ›Tristan‹ zeigt) so weit ab, daß die Forschung nicht im Zweifel sein konnte, sie ihm abzusprechen, was Franz *Pfeiffer* für das Lied über die Armut und Richard *Heinzel* für das Frühlingsminnelied getan haben. Neuerdings haben sich Hugo *Moser* und Helmut *Tervooren* mit aller gebotenen Vorsicht freilich doch wieder zugunsten der Möglichkeit geäußert, daß das Minnelied echt sei, wobei sie konzedieren, daß es außer der Zuweisung von AC »keine untrüglichen Anzeichen« für Gottfrieds Verfasserschaft gibt (Des Minnesangs Frühling. Bd. II, ³⁶1977, S. 120).

Wechselvoller waren die Forschungsmeinungen über den Lobgesang auf Maria und Christus. Die ersten neun Strophen dieser Dichtung aus der Großen Heidelberger Liederhandschrift hat schon Johann Jakob *Bodmer* 1758 in seiner »Sammlung von Minnesingern aus dem Schwäbischen Zeitpuncte« veröffentlicht; alle 63 Strophen wurden erstmals 1824 ediert. Die kritische Ausgabe verdanken wir Moriz *Haupt* (ZfdA 4, 1844). Franz *Pfeiffer* konnte dann (1858) gegen Johann Mathias *Watterich* (1858) überzeugend darlegen, daß die Dichtung aus inneren Gründen (»der Tristandichter als religiöser Sänger, der Maria und den Heiland preist, der über die Fülle seiner Sünden klagt und im Reichtum die schwerste Gefahr für unser Seelenheil erblickt«!, Ludwig *Wolff*, S. 4) wie aus äußeren Gründen (sprachliche und stilistische Kriterien, Reim- und Versbehandlung) Gottfried abgesprochen werden muß. *Pfeiffer* datiert den Marienpreis und Lobgesang auf Christus in das späte 13. Jh. und fand damit so gut wie ausnahmslose Zustimmung. 1916 versuchte Hermann *Fischer*, die Dichtung als Frühwerk Gottfrieds – ein zuerst von Hermann *Kurz* geäußerter Gedanke (in einem Briefe an Franz *Pfeiffer* vom 5. Mai 1858; s. AfdA 26, 1900, S. 181f.) – wieder für den Straßburger Meister zu retten. Mit der Untersuchung Ludwig *Wolffs* aus dem Jahre 1924 ist die Frage dann endgültig entschieden worden, indem er den unwiderlegbaren Nachweis führte, daß der Lobgesang nicht echt sein kann. Gegen seine exakten philologischen Argumente müssen auch Friedrich

Heers Spekulationen (Die Tragödie des Heiligen Reiches, 1952, S. 344) ohne Überzeugungskraft bleiben. Nach *Wolff* haben wir es in dem Marienpreis und Lobgesang auf Christus nicht mit einem einheitlichen Werk zu tun. Vielmehr bilden die elf in der Karlsruher Handschrift überlieferten Strophen den alten Kern, an den sich umfangreiche Zudichtungen angeschlossen haben (S. 19, Zusammenfassung der Gründe S. 48f.). Wegen der Unreinheit der Reime s:z und m:n, die ganz ungottfriedisch sind und die schon die K-Strophen enthalten, sowie aus anderen sprachlichen Gründen scheidet auch die Möglichkeit aus, wenigstens den Kern früh anzusetzen und Gottfried zuzusprechen (S. 55). Auch die K-Strophen müssen dem letzten Drittel des 13. Jh.s entstammen, wie überhaupt die verschiedenen Teile in der Sprachform eine solche Ähnlichkeit zeigen, daß sie zeitlich und örtlich in enger Nachbarschaft entstanden sein müssen (ebd.). Die in der Dichtung sich findenden gottfriedischen Züge erweisen sich demnach als Einfluß und Nachwirkung von Gottfrieds Kunst, sind nicht Ausdruck seiner Verfasserschaft. Auch der Einfluß Konrads von Würzburg ist deutlich (Einzelheiten S. 58ff., Zusammenfassung S. 68). Besonders wichtig für die Datierung sind die Beziehungen zur ›Martina‹ Hugos von Langenstein. Nach *Wolff* ist es unzweifelhaft, daß schon der Dichter der Kernstrophen die ›Martina‹ gekannt hat (S. 73). Daraus folgt, daß die Dichtung erst nach der ›Martina‹, und da diese 1293 vollendet wurde, erst nach 1293, gegen oder um 1300 entstanden sein kann (S. 76). Mit dieser aus den literarischen Beziehungen gewonnenen Datierung stimmt der Lautstand durchaus überein. Alle Teile sind im alemannischen Raum entstanden. In den drei Verfassern, die *Wolff* für den Marienpreis und Lobgesang auf Christus annimmt, hat man wahrscheinlich Geistliche zu sehen (S. 79).

Läßt man die beiden aufgrund des Zeugnisses Rudolfs von Ems Gottfried zugeschriebenen Strophen der Heidelberger Liederhandschrift, die in ihrem künstlerischen Rang dem ›Tristan‹ nicht ebenbürtig sind, außer Betracht, so ist also in der Tat der ›Tristan‹ Gottfrieds einziges Werk.

Literatur:

Franz *Pfeiffer*: Über Gottfried von Straßburg, in: Germania 3, 1858, S. 59–80; wieder abgedruckt u. d. T.: Über den Lobgesang auf Christus und Maria in: F. Pf., Freie Forschung. Kleine Schriften zur Geschichte der deutschen Litteratur und Sprache, 1867, S. 111–148.
Ludwig *Wolff*: Der Gottfried von Straßburg zugeschriebene Marienpreis und Lobgesang auf Christus. Untersuchungen und Text, 1924.

Carl von *Kraus*: Deutsche Liederdichter des 13. Jahrhunderts, Bd. II: Kommentar, besorgt von Hugo *Kuhn*, 1958, 2. Aufl., durchgesehen von Gisela *Kornrumpf*, 1978, S. 163–167.

Karl *Stackmann*: Gîte und Gelücke. Über die Spruchstrophen Gotfrids, in: Festgabe für Ulrich Pretzel, 1963, S. 191–204; wieder abgedruckt in: Mittelhochdeutsche Spruchdichtung, hg. von Hugo Moser (= WdF, Bd. 154), 1972, S. 288–305.

2. Die Überlieferung von Gottfrieds ›Tristan‹

Gottfrieds ›Tristan‹ ist verhältnismäßig reich und auch gut überliefert. Zu den elf vollständigen Handschriften treten fünfzehn Fragmente (unter Mitzählung eines einmal von Friedrich *Ranke* erwähnten, aber sonst nicht nachgewiesenen, sogar sechzehn), die zum größeren Teil noch ins 13. Jh. gehören. Die Frage der Bewertung der einzelnen ›Tristan‹-Handschriften hat das Interesse der Forschung nie in einem solchen Maße beansprucht oder gar eine Zeitlang im Mittelpunkt der Forschung gestanden, wie das bei den drei Haupthandschriften des Nibelungenliedes der Fall war – eine Folge des Umstandes, daß die Überlieferung des ›Tristan‹ relativ einheitlich ist, was bereits Karl *Marold* hervorgehoben hat (Einleitung zu seiner Ausgabe, 1906, S. V). Die vollständigen Handschriften sind folgende: M, H, B, F, N, W, E, O, P, R, S. Die ersten sechs der genannten Handschriften sind Pergamenthandschriften, die restlichen fünf sind Papierhandschriften. Die Handschriften M und H entstammen noch dem 13. Jh., B, F, N, W dem 14. Jh., alle Papierhandschriften dem 15. Jh.; doch stellt S eine erst 1722(!) angefertigte Abschrift einer ehemals Straßburger Handschrift aus dem Jahre 1489 dar. Das älteste und beste Fragment (aus der ersten Hälfte des 13. Jh.s) hat das Sigel a. Eine ausführliche Beschreibung der einzelnen Handschriften gibt Karl *Marold* in seiner ›Tristan‹-Ausgabe, ³1969, S. VIII–LIV; eine knappe Zusammenfassung unter Berücksichtigung des neuesten Forschungsstandes jetzt auch im Nachwort von Werner *Schröder* zum dritten Abdruck von Marolds Ausgabe, 1969, S. 284–289 (besorgt von Hans-Hugo *Steinhoff*); mit einigen Ergänzungen auch in: Hans-Hugo *Steinhoff*, Bibliographie zu Gottfried von Straßburg, 1971, S. 16–20. Bemerkenswert ist, daß, abgesehen von der Wiener Handschrift W, alle vollständigen Handschriften nicht allein den Gottfriedschen Torso überliefern, sondern – ganz gewiß dem Wunsch der Besteller der Codices entsprechend – die durch eine seiner Fortsetzungen vervollständigte Geschichte von Tristan und Isold (in MHBNRSP nach Ulrich von Türheim [P enthält außerdem noch Eilharts ›Tristrant‹ ab v. 6103], in FOE nach Heinrich von Freiberg).

Im Jahre 1906 legte Karl *Marold* eine Ausgabe des ›Tristan‹ vor, mit der erstmals eine wirklich kritische Edition intendiert war, die jedoch eine wenig günstige Aufnahme gefunden hat. Die Untersuchung des Verhältnisses der Handschriften zueinander hat *Marold* zu dem Ergebnis geführt, »daß FHW eine kompakte Einheit bilden und auf einen Archetypus zurückgehen, dem die Vorlage von M gegenübersteht« (Einleitung, S. LX). Eine Nachprüfung des *Marold*schen Lesartenapparates durch Friedrich *Ranke* (Die Überlieferung von Gottfrieds ›Tristan‹, ZfdA 55, 1917) erbrachte eine lange Liste von Ergänzungen und Berichtigungen und ein insgesamt vernichtendes Urteil über *Marolds* textkritische Bemühungen. Dieser Aufsatz *Rankes* ist als epochemachende Untersuchung in die philologische ›Tristan‹-Forschung eingegangen, und er behält diesen Platz, auch wenn seine Resultate in jüngerer Zeit zum Teil korrigiert und eingeschränkt worden sind (vgl. Gesa *Bonath*, Untersuchungen zur Überlieferung des ›Parzival‹ Wolframs von Eschenbach, Bd. 1, 1970). Wir skizzieren im folgenden *Rankes* nichtsdestoweniger eindrucksvoll bleibende Argumentation (teilweise im wörtlichen Anschluß an ihn).

Ranke untersucht zunächst die Beziehungen zwischen den vollständig erhaltenen Handschriften und prüft die auf diese Weise gewonnenen Ergebnisse dann an den Fragmenten nach, um so zu einer Antwort auf die Frage zu gelangen, was wir der handschriftlichen Überlieferung für die Geschichte des ›Tristan‹-Textes, vor allem während des 13. Jh.s, entnehmen können. Dabei bestätigt die Betrachtung der Fragmente zwar die Ergebnisse der Untersuchung der vollständigen Handschriften in ihren Hauptzügen, läßt aber die bereits als kompliziert erkannten Beziehungen zwischen den verschiedenen Gruppen und zwischen den einzelnen Handschriften als noch verwickelter erscheinen (S. 403). Die Handschriften zerfallen nach *Ranke* in zwei Hauptgruppen, X und Y. X wurde im Elsaß geschrieben, und zwar nicht vor der ›Tristan‹-Fortsetzung durch Ulrich von Türheim (zwischen 1230 und 1235), die sehr wahrscheinlich in X dem Gottfriedtext bereits gefolgt ist, aber auch nicht viel später, da die zur X-Gruppe gehörige Handschrift M aufgrund ihres Schriftcharakters noch in die erste Hälfte des 13. Jh.s zu setzen ist (S. 229). Y zeigt im Vergleich zu X eine stärkere Neigung zu Wortumstellungen im Sinne der Wortfolge der Prosa, zum Zusatz von Formwörtern, die meistens der metrischen Glättung (Herstellung des Auftakts und Ausfüllung der fehlenden Senkung) dienen. Die Wortvertauschungen haben in Y deutlicher modernisierende Tendenz als in X. Außerdem sind in Y Schreib- und Lesefehler häufiger. Y erweist sich damit als eine

Handschrift, die wahrscheinlich später als X, etwa um die Mitte oder in der zweiten Hälfte des 13. Jh.s, geschrieben wurde, und zwar ebenfalls im Elsaß (S. 246). Zur X-Gruppe gehören von den vollständigen Handschriften M B E H. Die Y-Gruppe gliedert sich wieder in die Gruppen α: F N (Mischhandschrift aus M und α) R S und β: W O P. Mit vollem Recht hat *Ranke* darauf hingewiesen, daß eine graphische Darstellung so verwickelter Handschriftenverhältnisse wie der des ›Tristan‹ dem wirklichen Sachverhalt nie ganz gerecht werden kann (S. 403). Was ein solches Stemma leistet und was seine Aufstellung rechtfertigt, ist die rasche und übersichtliche Orientierung. Unter Beschränkung auf die vollständigen Handschriften ergibt sich für die ›Tristan‹-Überlieferung folgendes Stemma:

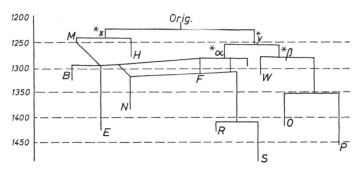

Ein genauerer Handschriftenstammbaum bei *Ranke*, ZfdA 55, S. 404 (= separater Wiederabdruck, S. 145).

Während bereits in den ältesten Handschriften der Text des ›Tristan‹ nicht konservativ behandelt wurde, so daß sich nicht unerhebliche Textabweichungen ergeben, sind Sprachform und Orthographie von auffallender Einheitlichkeit: Bis etwa 1300 deuten die ganz oder bruchstückhaft erhaltenen Handschriften nicht sicher darauf hin, daß Gottfrieds Roman auch außerhalb des Elsaß abgeschrieben worden wäre (S. 404). Nach *Ranke* sprechen alle Kriterien dafür, daß die Herstellung der ›Tristan‹-Handschriften im 13. Jh. wenn nicht ausschließlich, so doch hauptsächlich in ein und derselben Schreibstube vor sich ging (S. 405). Die ›Tristan‹-Überlieferung weist somit auf ein Zentrum der höfisch-literarischen Reproduktion im Elsaß (ebd.). Kulturgeschichtliche Gründe sprechen für Straßburg als Ort dieser Schreibstube. Für Straßburg können aber auch Dialektmerkmale angeführt werden (S. 406ff.).

Die älteren ›Tristan‹-Handschriften zeigen vielfach die Schreibung ›e‹ für ›ei‹ (und entsprechend, aber verhältnismäßig selten, ›ei‹ für ›e‹); Beispiele bei *Ranke*, S. 406f. Wie die Urkunden ausweisen, ist die eigentliche Heimat des ›e‹ im Elsaß durchaus Straßburg (S. 407), für das auch die übrigen mundartlichen Merkmale der älteren ›Tristan‹-Überlieferung sprechen. In einem Falle allerdings weichen die Handschriften auffällig voneinander ab: in der Behandlung der anlautenden gutturalen Tenuis: k bzw. c in einem Teil der Handschriften, dagegen in anderen die verschobene Form ch – so fast ausnahmslos in der frühen Handschrift M – (Einzelheiten S. 411f.). Man könnte daraus den Schluß ziehen, daß diese Handschriften nicht in Straßburg, sondern viel weiter südlich, etwa im hochalemannischen (Schweizer) Raum entstanden seien. *Ranke* unternimmt es, diese Vermutung zu entkräften und trotz des ›ch‹ die Straßburger Entstehung dieser Handschriften, vor allem von M, durch positive Gründe zu erweisen (S. 412ff.). Zu diesen gehört auch die Beobachtung, daß in den lateinischen Urkunden Straßburgs aus der ersten Hälfte des 13. Jh.s in deutschen Eigennamen wiederholt die Schreibung ›ch‹ im Anlaut begegnet, wo die deutschen Urkunden später k/c haben. Das im Anlaut geschriebene ›ch‹ der ›Tristan‹-Handschriften dürfte also auf eine ältere, im 13. Jh. aufgegebene Schreibtradition hinweisen (S. 414). – In der von *Ranke* erschlossenen Schreibstube wurde aber nicht nur Gottfrieds ›Tristan‹ abgeschrieben: der Schreiber von M schrieb auch den ersten Teil der ›Parzival‹-Handschrift G. Die Erstellung dieser beiden Handschriften glaubte *Ranke* dem zwischen 1230 und 1240 in Straßburg urkundlich bezeugten *notarius burgensium* Meister Hesse, dem Vorsteher der städtischen Kanzlei, zuweisen zu können, der in Fragen des literarischen Geschmacks in hohem Ansehen stand, was durch Rudolf von Ems (›Wilhelm von Orlens‹, v. 2279–2289) überliefert wird (S. 415). In seinem künstlerischen Urteil zeigt sich Meister Hesse dem durch die Werke Hartmanns von Aue repräsentierten Kunstideal verpflichtet, und er sucht in der Handschrift G Wolframs ›dunklen‹ Stil und ebenso in der Handschrift M Gottfrieds ›Tristan‹ dem regelmäßigen mhd. Sprachgebrauch, wie ihn eben Hartmann von Aue vertritt, anzunähern, in seinem Sinne zu ›verbessern‹. – Erst nach 1300 entstehen Handschriften des ›Tristan‹-Textes auch außerhalb Straßburgs. Eine Erklärung für diesen zunächst wohl befremdlich wirkenden Umstand hat *Ranke* zu geben gesucht (S. 417).

Aufgrund neuerer Forschungen ist *Rankes* Vorstellung von der Zentrierung der ›Tristan‹-Überlieferung des 13. Jh.s in einer verlagsähnlichen Straßburger Schreibstube einzuschränken (nicht schlechthin aufzugeben). Dagegen muß als widerlegt gelten (Gesa *Bonath*), daß der notarius burgensium *meister* Hesse eine Rolle für die ›Parzival‹- wie für die ›Tristan‹-Überlieferung (Handschrift G bzw. M) gespielt habe.

Trotz der von Friedrich *Ranke* im Jahre 1917 an *Marold* geübten Kritik sind die von ihm dann formulierten textkritischen Regeln von denen *Marolds* nicht gar zu verschieden. In seiner eigenen Ausgabe des ›Tristan‹ (1930) hat er übrigens mehrfach aufgrund von »inneren Gegenkriterien« gegen seine Regeln entschieden (vgl. dazu auch unten, S. 81). Leider ist der zweite Band von *Rankes* Ausgabe, der den zu einer kritischen Edition notwendig hinzugehörenden Lesartenapparat enthalten sollte, nie erschienen. Die mühevolle Aufgabe, einen vollständigen und verläßlichen textkritischen Apparat auszuarbeiten, hat *Rankes* Schüler Eduard *Studer* übernommen, ohne daß abzusehen ist, wann er ihn vorlegen kann. Das heißt: Trotz der guten, wenngleich infolge der frühen Handschriftenkreuzungen komplizierten Überlieferung des ›Tristan‹ verfügen wir zwar derzeit über mehrere Ausgaben, die einen im großen und ganzen gesicherten Text bieten, aber über keine, die eine wirkliche Nachprüfung und Begründung der Textgestalt mittels eines umfassenden und irrtumsfreien kritischen Apparates ermöglicht. Als ein brauchbares Arbeitsinstrument, das Werner *Schröder* im dritten Abdruck der *Marold*schen ›Tristan‹-Ausgabe bereitgestellt hat (zuerst 1969), kann vorläufig der durch *Rankes* Kollationen erweiterte und verbesserte Lesartenapparat Karl *Marolds* dienen.

Literatur:

Kurt *Herold*: Der Münchener ›Tristan‹. Ein Beitrag zur Überlieferungsgeschichte und Kritik des ›Tristan‹ Gottfrieds von Straßburg, 1911.
Friedrich *Ranke*: Die Überlieferung von Gottfrieds ›Tristan‹, in: ZfdA 55, 1917, S. 157–278 und S. 381–438; separater Nachdruck 1974.
Frederick P. *Pickering*: Die Sprache der Heidelberger Handschrift (H) von Gottfrieds von Straßburg ›Tristan‹, Diss. Breslau, 1934.
Peter Jörg *Becker*: Handschriften und Frühdrucke mittelhochdeutscher Epen. [...], 1977 (über die ›Tristan‹-Handschriften S. 35–50).
Die Untersuchungen zu den einzelnen Handschriften des ›Tristan‹ verzeichnet Hans-Hugo *Steinhoff*, Bibliographie zu Gottfried von Straßburg, 1971, S. 16–20.

3. Zur Entstehung (Datierung) des ›Tristan‹

Daß Gottfried seinen ›Tristan‹ im ersten Jahrzehnt des 13. Jh.s dichtete und daß das Werk um 1210 oder doch nicht viel später in der unvollendeten Form, in der es vorliegt, abgeschlossen war, ist eine der wenigen Erkenntnisse der ›Tristan‹-Forschung, über die völlige Einmütigkeit herrscht. Die Grundlage für diese Datierung ist vor allem die Literaturschau (v. 4621 ff.), die Gottfried bezeichnenderweise an einer Stelle der Dichtung einschiebt, an der es ihn allzu banal und geistlos dünkt, eine Schilderung festlicher Zeremonien auszubreiten, wie sie bei der Schwertleite üblich waren. Heinrich von Veldeke und Reinmar von Hagenau erwähnt Gottfried als Verstorbene, Hartmann von Aue und Walther von der Vogelweide als Lebende. Damit sind aber keine sicheren Daten gewonnen. Das Jahr 1207, das im Anschluß an *Burdach* manchmal als Todesjahr Reinmars genannt wird, ist keineswegs gesichert. Es kann ebensowohl zu spät sein (*de Boor* im zweiten Bande seiner Literaturgeschichte: Reinmars Tod um 1205) als auch zu früh: Vielleicht ist Reinmars Tod erst gegen 1210 anzusetzen (vgl. hierzu Carl von *Kraus*: Walther von der Vogelweide. Untersuchungen, 1935, unveränderter Nachdruck 1966, S. 326). Und wenn Hartmanns Tod in der ›Krone‹ des Heinrich von dem Türlin beklagt wird, so muß man bedenken, daß die Datierung der ›Krone‹ in einem Zeitraum von mindestens 15 Jahren schwankt: Fest steht, daß die Dichtung kaum vor 1215 entstanden ist, aber *de Boor* neigt dazu, sie bis 1230 hinunterzurücken (Lit.-Gesch., Bd. 2, [10]1979, S. 185).

Nicht ausdrücklich im Literaturexkurs genannt, aber doch offenbar mit heftiger Polemik in ihn einbezogen, ist Wolfram von Eschenbach. An dieser seit den Anfängen der germanistischen Mediävistik etablierten Auffassung darf man trotz neuerdings geäußerter Zweifel festhalten. Es ist immerhin bezeichnend, daß Peter *Ganz*, der als erster diese gängige Meinung in Frage gestellt hat (1967), in der sehr gehaltvollen Einleitung zu seiner Neuausgabe von Reinhold *Bechsteins* ›Tristan‹-Edition (1978) von seiner seinerzeitigen Position anscheinend wieder abgerückt ist (S. XI; s. allerdings auch die Anmerkung zu v. 4664, Bd. I, S. 348). Richtig dürfte jedoch sein, daß die berühmte Formulierung *vindaere wilder maere, / der maere wildenaere* (v. 4665 f.) im Plural steht (in sich betrachtet, könnte es sich auch um Singularformen handeln), daß Gottfried also an dieser Stelle, wie im Folgenden, nicht von Wolfram allein spricht, sondern von einer Mehrzahl von Dichtern, zu denen, auch nach *Ganz*, »natürlich auch Wolfram gehören könnte« (Anmerkung zu v. 4664, Bd. I, S. 348). Dabei ist die Übersetzung dieser beiden Verse nach wie vor umstritten:

inventors of wild tales, hired hunters after stories (A. T. *Hatto*, 1960);
Leute, welche Abenteurergeschichten dichten, mit Geschichten wildern (Peter *Ganz*, 1967);
diese Finder, Aufspürer fremdartiger, seltsamer Geschichten, diese Jagdgehilfen der Erzählungen (Gerhild *Geil*, 1973);
die Erfinder unwahrer Geschichten, die Verfälscher der Geschichten (Xenja v. *Ertzdorff*, 1979);
die aber in Mären wildern und wilde Mären bildern[!] (Wolfgang *Mohr*, 1979);
Dichter ungezügelter Geschichten, kunstlose Jäger von Erzählungen (Rüdiger *Krohn*, 1980);
les inventeurs d'histoires étranges, ces braconniers d'histoires (Danielle *Buschinger*/Jean-Marc *Pastré*, 1980).

Anlaß und Ausmaß und vollends der Verlauf der Auseinandersetzung zwischen Gottfried und Wolfram bleiben im einzelnen das Objekt unterschiedlich akzentuierter, ja konträrer Deutungen. Der Gegensatz hinsichtlich ihres Selbstverständnisses als Dichter und ihrer Auffassung von Dichtung, etwa im Hinblick auf die jeweilige Bedeutung der Vorlage, der Quelle für ihr eigenes Schaffen, mehr noch: hinsichtlich ihres Bildes vom Menschen, ist zweifellos außerordentlich tiefgreifend. Doch folgt daraus nicht notwendigerweise, daß zwischen den beiden Dichtern eine literarische Fehde ausgetragen worden sei, die sich auf alle diese Bereiche erstreckt habe. So handelt es sich nach Walter Johannes *Schröder* bei Gottfrieds Charakterisierung von Wolframs Kunst nicht um ein in die Tiefe gehendes, sondern nur auf ästhetisch-stilistische Kriterien, letztlich also auf Formales sich beziehendes Urteil, von dem Inhaltliches nicht berührt werde. Auch Peter *Ganz* neigt dazu, Gottfrieds Polemik auf den Stil zu beziehen, wie denn bereits vor Jahrzehnten Samuel *Singer* die Ansicht ausgesprochen hat, die Wendung *vindaere wilder maere* ziele nur auf die Form (1912, S. 171). Indes ist eine solche Auffassung schon in ihren Grundlagen fragwürdig, weil in der Form und durch die Form immer zugleich Gehalt sich äußert, im Stil sich jeweils bestimmte Grundhaltungen bekunden. Zu dieser Position hat sich z. B. W. T. H. *Jackson* bekannt: »Es ging dabei [beim Streit Gottfrieds mit Wolfram] nicht nur um Stilfragen, sondern um Haltungen, die darin zum Ausdruck kommen« (WdF, Bd. 320, S. 304).

Da Gottfried im ›Tristan‹ Wolfram angreift, muß er also mindestens einen Teil des ›Parzival‹ gekannt haben, als er die Dichterschau schrieb. Man nimmt im allgemeinen an, daß Wolfram seinerseits auf Gottfrieds Angriff im ›Willehalm‹ (4, 19ff.) geantwortet habe (was jedoch nicht völlig sicher ist), und zwar ebenfalls ohne Namensnennung. Die Entstehung des ›Tristan‹ fiele demnach zwischen ›Parzival‹ und ›Willehalm‹, der ganz in das zweite Jahrzehnt des 13. Jh.s gehört, nämlich in die Jahre zwischen 1210/12 und 1218. Genauere Daten sind damit aber noch nicht gewonnen. Mehr und mehr zeigt sich indes der Forschung, daß die Entstehungsgeschichte des ›Tristan‹ – und des ›Parzival‹ – komplizierter ist, als man lange angenommen hat. Eine Übereinstimmung ist jedoch noch nicht erzielt. Zweierlei muß vorweg festgestellt werden: 1) Die Datierung des ›Tristan‹ erweist sich zunehmend als abhängig von der des ›Parzival‹. 2) Wir bewegen uns mit dem (versuchten) Nachweis reich verzweigter Beziehungen zwischen ›Parzival‹ und ›Tristan‹, soweit sie überhaupt existieren und nicht etwa nur das Resultat einseitig forcierter Textauslegung sind, weithin im Bereiche der relativen Chronologie, während die absoluten Zeitansätze (über die von Zeiträumen, die mehrere Jahre, etwa gar ein Jahrzehnt umspannen, hinaus) verhältnismäßig ungesichert sind. Im Grunde besitzen wir nur ein einziges verläßliches Datum. Wolfram spielt im VII. ›Parzival‹-Buch bekanntlich auf die Zerstörung der Erfurter Weingärten im Sommer 1203 an. Nach Wolfram sind die Spuren der Zerstörung noch sichtbar (379, 18f.). Das bedeutet, daß das VII. ›Parzival‹-Buch nicht allzulange danach gedichtet sein kann, vielleicht noch im Herbst 1203, sonst aber 1204 (allenfalls noch 1205).

Die überwiegend angenommenen polemisch-agonalen Beziehungen zwischen Wolfram und Gottfried, die auch für die Datierung des ›Parzival‹ und des ›Tristan‹, zum mindesten im Sinne der relativen Chronologie, von großer Bedeutung sind, sind nun aber, wie angedeutet, offenbar nicht einfach derart, daß Gottfried seinen Antipoden im ›Tristan‹ angegriffen und dieser im ›Willehalm‹ auf diesen Angriff geantwortet habe. Daß Wolfram bereits im ›Parzival‹ den ›Tristan‹ gekannt und, allerdings ohne Namensnennung, an verschiedenen Stellen gegen ihn opponiert habe, hat schon 1907 John *Meier* dargelegt, und Konrad *Burdach*, von vereinzelten früheren Ansätzen in dieser Richtung ganz abgesehen, war ihm mit dem Aufweis verwickelterer Beziehungen zwischen ›Parzival‹ und ›Tristan‹ sogar noch vorangegangen (1902). Nach John *Meier* hat Wolfram bereits in den am frühesten verfaßten Büchern des ›Parzival‹ Gottfrieds ›Tristan‹ gekannt (S. 511).

In den fünfziger Jahren hat sich besonders Karl Kurt *Klein* um die Aufhellung der nach seiner Ansicht nun auch in Persönliches hinübergreifenden oder aus Persönlichem erwachsenden agonalen Beziehungen zwischen Wolfram und Gottfried bemüht. Nach *Klein* ist es sogar nicht ausgeschlossen, daß zwischen den beiden Dichtern einmal eine Hausgemeinschaft bestanden habe, die durch Wolframs Schuld, wie *Klein* sich ausdrückt, in die Brüche gegangen wäre, nämlich durch seine Schmählieder auf Isolde und durch seine Weigerung, die Verurteilung Isoldes zu widerrufen (Ammann-Festgabe, S. 88, 93 = WdF, Bd. 57, S. 196, 204). *Kleins* Deutungen beruhen einerseits auf scharfsinnigen Textanalysen, sind aber andererseits so spekulativ und willkürlich, daß die ganze Konstruktion schwerlich tragfähig ist. Überdies ist selbstverständlich, daß mit einer Betrachtungsweise, die die entsprechenden Textpartien im Hinblick auf die persönlichen Beziehungen der Autoren biographisch-psychologisch ausdeutet, selbst wenn sie zu partiell richtigen Resultaten führen sollte (was man in diesem Fall bezweifeln wird), nur *eine* Schicht der Dichtung erfaßt wird. Es bliebe die Frage, wie das Persönliche in das jeweilige Gesamt der Werke integriert worden ist.

Immerhin besteht nach wie vor die Möglichkeit, daß im ›Parzival‹ und im ›Tristan‹ eine Reihe von Polemiken enthalten sind, Angriffe und Gegenangriffe auf den anderen Dichter (aber eben wohl nicht auf jener Ebene, auf der K. K. *Klein* sie glaubte fixieren zu können), und daß die Entstehungsgeschichte der beiden Werke miteinander verzahnt oder ineinander verschachtelt ist. So hat nach der Deutung, die neuerdings, wie seinerzeit schon Konrad *Burdach*, besonders Heinrich *Hempel* (ZfdA 83, vor allem S. 163 und 180) und Karl Kurt *Klein* vertreten haben, auch bereits der Prolog des ›Parzival‹ Beziehung zum ›Tristan‹, wobei man annehmen muß, daß er nicht zu Beginn der Arbeit an diesem umfangreichen Roman gedichtet sein kann. Es fehlt freilich nicht an Forschern, die der Ansicht sind, der ›Parzival‹-Eingang könne auch zureichend gedeutet werden, ohne daß man in ihm eine Polemik gegen den ›Tristan‹ und seinen Dichter sehen müsse, oder die überhaupt eine solche Deutung für verfehlt halten.

Es sei in diesem Zusammenhang darauf hingewiesen, daß sowohl Werner *Schröder* als auch Karl Kurt *Kleins* Schüler W. J. *Mair* die Ansicht vertreten, daß der ›Tristan‹-Prolog ursprünglich nicht die Dichtung eröffnet habe; nach W. J. *Mair* ist der Prolog eigentlich Epilog (S. 184).

Es erheben sich nun aber zwei einander entsprechende Fragen: Wieviel vom ›Parzival‹ hat Gottfried vorgelegen, als er z. B. die Literaturschau schrieb? Wieviel vom ›Tristan‹ hat Wolfram gekannt, als er etwa den Prolog und seine sog. Selbstverteidigung (›Parzival‹, 114, 5–116,4) verfaßte? Eine sichere Antwort auf die Fragen läßt sich kaum geben. John *Meier* hält es aufgrund der von ihm gesehenen Beziehung der ›Tristan‹-Stelle 7935ff. auf ›Parzival‹ 481,6ff. für »sehr möglich«, daß Gottfried mindestens die Bücher I bis IX vorgelegen haben (S. 511). Werner *Schröder*, der aus den Untersuchungen Karl Kurt *Kleins*, der an chronologischen Fragen nur peripher interessiert ist, die chronologischen Folgerungen gezogen hat, nimmt gleichfalls an, daß Gottfrieds Kenntnis des ›Parzival‹ über den Umfang der vielfach vermuteten ›Teilveröffentlichung‹ der Bücher I bis VI (nach anderen III bis VI) hinausgeht (S. 292). (Die ›Teilveröffentlichung‹ oder ›Erstausgabe‹ wird gewöhnlich in das Jahr 1203 gesetzt.) Auch Wolfram muß während seiner Arbeit am ›Parzival‹ bereits beträchtliche Teile von Gottfrieds Dichtung gekannt haben. Immer unter der Voraussetzung, daß die aufgedeckten Beziehungen zwischen ›Parzival‹ und ›Tristan‹ tatsächlich vorhanden sind, würde man zu der Annahme gezwungen, daß Wolfram nahezu das gesamte Werk Gottfrieds vorgelegen haben müßte, mindestens aber reichlich zwei Drittel (Werner *Schröder*, S. 293, 301/02). Das aber würde zu zeitlichen Ansätzen führen, die offensichtlich nicht möglich sind: Die den Dichtern zur Verfügung stehenden Zeiträume würden sich auf ein Maß verringern, in dem die Schaffung ihrer Werke nicht vorstellbar ist. Auf Einzelheiten können wir hier nicht eingehen. Aber die Schlußfolgerung Werner *Schröders*: »[...] die großen mittelalterlichen Dichtungen sind nicht in einem Guß entstanden, wir müssen nicht bloß mit Arbeitsunterbrechungen, sondern auch mit z.T. erheblichen Umarbeitungen rechnen« (S. 294), wird dann unabweislich, wenn Deutungen wie die von *Hempel* und *Klein* und seine eigenen im wesentlichen richtig sind. *Schröder* zieht den weiteren Schluß, der vorliegenden endgültigen Fassung des ›Parzival‹ sei eine ältere knappere vorausgegangen, die später, vermutlich gleichzeitig mit dem neuen Prolog und der Selbstverteidigung, umgearbeitet und erweitert worden sei (S. 294), und als Gottfried seinen Roman in der uns vorliegenden Gestalt zu schreiben anfing, habe er nicht nur die ›Erstausgabe‹ des ›Parzival‹ (Buch I bis VI), sondern auch schon die drei folgenden Bücher in einer älteren kürzeren Fassung gekannt (S. 299). Wegen der Gleichung ›Tristan‹ 7935ff. ~ ›Parzival‹ 481,6ff. kann Gottfrieds Werk (in der vorliegenden Form) erst im zweiten Jahrfünft des 13. Jh.s begonnen sein (S. 294). Aufgrund seiner Überlegungen gelangt *Schröder* dazu, Gottfrieds Arbeitsbeginn am ›Tristan‹ mutmaßlich 1206 anzusetzen (S. 301).

Wie immer es um die Einzelheiten stehen mag: Sicher scheint zu sein, daß die Entstehungsgeschichte von Werken wie ›Parzival‹ und ›Tristan‹ komplizierter ist, als man früher angenommen hat. Freilich müssen wir noch auf zwei Punkte hinweisen. 1) Untersuchungen der genannten Art bleiben, notwendigerweise, vielfach im

Bereich des nicht Beweisbaren, des bloß Hypothetischen, und es kann vorausgesagt werden, daß sich schwerlich über alle damit im Zusammenhang stehenden Fragen eine Einigung erzielen lassen wird. Die Ergebnisse bewegen sich aber nicht nur im Bereich der Hypothese, sondern drängen leicht zur höchst subjektiven Spekulation, namentlich dort, wo man die Möglichkeit späterer Einschübe von Stellen erwägen muß, um die relative Chronologie retten zu können. Mit der Annahme, daß bestimmte Stellen später eingeschoben seien, ist aber der persönlichen Willkür Tür und Tor geöffnet. Wenn sich jedoch beispielsweise das spätere Datum von Reinmars Tod weiter erhärten ließe, würde die von der Forschung bereits geäußerte Vermutung, daß die Dichterschau im ›Tristan‹ ein nachträglicher Einschub sei (vgl. W. J. *Mair* in seiner Dissertation), in der Tat an Wahrscheinlichkeit gewinnen, ja, wohl unabweislich werden. 2) Für die Erschließung und Sinndeutung des dichterischen Kunstwerkes ist die mögliche Verschiebung der Datierung um einige wenige Jahre oder auch ihre genauere Eingrenzung auf einen engeren Zeitraum von nur geringem Belang. Die ›Tristan‹-Interpretation, sofern sie den Versuch darstellt, zum Kernsinngehalt des Werkes vorzudringen, wird von ihr kaum berührt. Daß indes auch der Aufschluß für die Arbeitsweise der mhd. Dichter und etwa auch die verfeinerte Einsicht in ihr Verhältnis zu Gönnern und Auftraggebern (von denen wir freilich im Falle Gottfrieds nichts wissen) von literarhistorischem Interesse ist, sei ausdrücklich hervorgehoben. *Ein* Datum gibt es allerdings, das auch für die innere Wesenserkenntnis des ›Tristan‹ von unmittelbarer Bedeutung sein könnte, sofern man Gottfried in eine Verbindung mit der häretischen Bewegung der Katharer bringen darf: das Jahr 1212, in dem in Straßburg der erste große Ketzerprozeß stattfand (vgl. dazu oben, S. 3 und unten, S. 96 f.).

Aus all dem Dargelegten, zumeist nur Angedeuteten, folgt, daß wir an dem üblichen Zeitansatz »um (oder kurz nach) 1210« für Gottfrieds Roman festhalten dürfen. Und wir fügen noch einmal hinzu, daß dieser Zeitansatz für die Gesamtinterpretation der Dichtung auch vollauf genügt.

Literatur:

Konrad *Burdach*: Der mythische und der geschichtliche Walther, in: K. B., Vorspiel. Gesammelte Schriften zur Geschichte des deutschen Geistes, 1. Bd., 1. Teil: Mittelalter, 1925, S. 334–400 (über Gottfried und Wolfram besonders S. 395 ff.) [ursprünglich in: Deutsche Rundschau, Jg. 29, 1902, Okt., S. 38–65; Nov., S. 237–256].
John *Meier*: Wolfram von Eschenbach und einige seiner Zeitgenossen, in:

Festschrift zur 49. Versammlung Deutscher Philologen und Schulmänner in Basel im Jahre 1907, 1907, S. 507–520.

Heinrich *Hempel*: Der Eingang von Wolframs ›Parzival‹, in: ZfdA 83, 1951/52, S. 162–180; wieder abgedruckt in: H. H., Kleine Schriften, 1966, S. 261–276.

Karl Kurt *Klein*: Das Freundschaftsgleichnis im Parzivalprolog. Ein Beitrag zur Klärung der Beziehungen zwischen Wolfram von Eschenbach und Gottfried von Straßburg, in: Ammann-Festgabe, I. Teil, 1953, S. 75–94; wieder abgedruckt in: WdF, Bd. 57, 1966, S. 173–206.

Ders.: Gottfried und Wolfram. Zum Bogengleichnis ›Parzival‹ 241, 1–30, in: Festschrift für Dietrich Kralik, 1954, S. 145–154.

Ders.: Wolframs Selbstverteidigung, in: ZfdA 85, 1954/55, S. 150–162.

Ders.: Zur Entstehungsgeschichte des ›Parzival‹, in: Beitr. 82 (Halle), 1961 (Sonderband, Elisabeth Karg-Gasterstädt zum 75. Geburtstag), S. 13–28.

Walter Josef *Mair*: Zur Entstehungsgeschichte der Epen Wolframs und Gottfrieds, Diss. Innsbruck, 1957 [Masch.-Schr.].

Werner *Schröder*: Zur Chronologie der drei großen mittelhochdeutschen Epiker, in: DVjs. 31, 1957, S. 264–302.

Frederick *Norman*: The Enmity of Wolfram and Gotfried, in: GLL 15, 1961/62, S. 53–67.

Ders.: Meinung und Gegenmeinung: die literarische Fehde zwischen Gottfried von Straßburg und Wolfram von Eschenbach, in: Miscellanea di Studi in Onore di Bonaventura Tecchi, 1969, Bd. I, S. 67–86.

Peter *Wapnewski*: Herzeloydes Klage und das Leid der Blancheflur. Zur Frage der agonalen Beziehungen zwischen den Kunstauffassungen Gottfrieds von Straßburg und Wolframs von Eschenbach, in: Festgabe für Ulrich Pretzel, 1963, S. 173–184.

Alois *Wolf*: Die Klagen der Blanscheflur. Zur Fehde zwischen Wolfram von Eschenbach und Gottfried von Straßburg, in: ZfdPh 85, 1966, S. 66–82; wieder abgedruckt in: WdF, Bd. 320, 1973, S. 392–413.

Peter *Ganz*: Polemisiert Gottfried gegen Wolfram? (Zu ›Tristan‹ Z. 4638f.), in: Beitr. 88 (Tüb.), 1967, S. 68–85.

Gerhild *Geil*: Gottfried und Wolfram als literarische Antipoden. Zur Genese eines literaturgeschichtlichen Topos, 1973.

Maurice O' C. *Walshe*: The Graal Castle and the Cave of Lovers, in: The Epic in Medieval Society. Aesthetic and Moral Values, hg. von Harald Scholler, 1977, S. 257–270.

Dennis Howard *Green*: Oral poetry and written composition. (An aspect of the feud between Gottfried and Wolfram), in: D. H. G. and Leslie Peter Johnson: Approaches to Wolfram von Eschenbach. Five Essays, 1978, S. 163–264.

Zur ›Tristan‹-Stelle v. 4638ff., besonders v. 4665f.:

Samuel *Singer*: Gottfried von Straßburg, in: S. S., Aufsätze und Vorträge, 1912, S. 162–173.

Walter Johannes *Schröder*: Vindaere wilder maere. Zum Literaturstreit zwischen Gottfried und Wolfram, in: Beitr. 80 (Tüb.), 1958, S. 269–287;

wieder abgedruckt in: WdF, Bd. 57, 1966, S. 319–340, und in: W. J. Sch., *rede* und *meine*. Aufsätze und Vorträge zur deutschen Literatur des Mittelalters, 1978, S. 366–384.

Ernst *Ochs*: Gottfrieds *wildenäre*, in: Arch., Jg. 112, Bd. 197, 1961, S. 126.

David *Dalby*: *Der maere wildenaere*, in: Euph. 55, 1961, S. 77–84.

Raimund *Kemper*: Noch einmal *wildenaere*, in: Euph. 56, 1962, S. 146–164.

Ann *Snow*: Wilt, wilde, wildenaere: a study in the interpretation of Gottfried's ›Tristan‹, in: Euph. 62, 1968, S. 365–377.

Zu Tristans Schwertleite, zur Literaturschau als Ganzem und zu in ihr genannten Dichtern (außer Wolfram):

Karl Friedrich *Müller*: Die literarische Kritik in der mittelhochdeutschen Dichtung und ihr Wesen, 1933, unveränderter Nachdruck 1967 (= Libelli. 217).

Louis L. *Hammerich*: Gottfried von Straßburg über Reinmar von Hagenau (›Tristan‹ 4774ff.), in: GRM 33, 1951/52, S. 156f.

John A. *Asher*: Hartmann and Gottfried: Master and Pupil?, in: AUMLA 16, 1961, S. 134–144.

Herbert *Kolb*: Über den Epiker Bligger von Steinach. Zu Gottfrieds ›Tristan‹ vv. 4691–4722, in: DVjs. 36, 1962, S. 507–520.

Lida *Kirchberger*: Gottfried on Reinmar, in: MDU 56, 1964, S. 167–173.

Ute *Schwab*: Lex et gratia. Der literarische Exkurs Gottfrieds von Straßburg und Hartmanns ›Gregorius‹, 1967. [Dazu Ingrid *Meiners*, Beitr. 90 (Tüb.), 1968, S. 352–360.]

Ursula *Schulze*: Literarkritische Äußerungen im ›Tristan‹ Gottfrieds von Straßburg, in: Beitr. 88 (Tüb.), 1967, S. 285–310; wieder abgedruckt in: WdF, Bd. 320, 1973, S. 489–517.

Ingrid *Hahn*: Zu Gottfrieds von Straßburg Literaturschau, in: ZfdA 96, 1967, S. 218–236; wieder abgedruckt in: WdF, Bd. 320, 1973, S. 424–452.

Hans *Fromm*: Tristans Schwertleite, in: DVjs. 41, 1967, S. 333–350.

Eckhard *Wilke*: Zur Literaturschau in Gottfrieds von Straßburg ›Tristan und Isolde‹, in: Acta Germanica 3, 1968, S. 37–46.

Josef *Klein*: Die Schwertleite in Gotfrids ›Tristan und Isold‹ als »epische Einheit«, in: Euph. 64, 1970, S. 1–22.

W. T. H. *Jackson*: The Literary Views of Gottfried von Straßburg, in: PMLA 85, 1970, S. 992–1001.

James W. *Marchand*: Tristan's Schwertleite: Gottfried's Aesthetics and Literary Criticism, in: Husbanding the Golden Grain. Studies in Honor of Henry W. Nordmeyer, 1973, S. 187–204.

Johan H. *Winkelman*: Die Baummetapher im literarischen Exkurs Gottfrieds von Straßburg, in: ABÄG 8, 1975, S. 85–112.

Peter K. *Stein*: Tristans Schwertleite. Zur Einschätzung ritterlich-höfischer Dichtung durch Gottfried von Straßburg, in: DVjs. 51, 1977, S. 300–350.

Dieter *Goebel*: Tristans Einkleidung (Gottfried v. 4555–5011), in: ZfdPh 96, 1977, S. 61–72.
Wolfgang *Dilg*: Der Literaturexkurs des ›Tristan‹ als Zugang zu Gottfrieds Dichtung, in: Stauferzeit. Geschichte, Literatur, Kunst, hg. von Rüdiger Krohn u. a., 1978, S. 270–278.

4. Zu Gottfrieds Sprach- und Verskunst

Die überragende Formkunst des ›Tristan‹-Dichters ist von der Forschung schon sehr früh erkannt und anerkannt worden (vgl. S. 59f.). Gottfrieds sprach- (und vers-)künstlerisches Ideal ist nicht nur seinem eigenen Stil zu entnehmen, sondern er hat es in der Literaturschau des ›Tristan‹ in seinen Ausführungen über Hartmann von Aue (v. 4621ff.) und namentlich Bligger von Steinach (v. 4691ff.) ausdrücklich formuliert. Über Hartmann sagt er u. a.:

> *Hartman der Ouwaere,*
> *ahî, wie der diu maere*
> *beide ûzen unde innen*
> *mit worten und mit sinnen*
> *durchverwet und durchzieret!*
> *wie er mit rede figieret*
> *der âventiure meine!*
> *wie lûter und wie reine*
> *sîniu cristallînen wortelîn*
> *beidiu sint und iemer müezen sîn!* (v. 4621–4630)

Und über Bligger:

> *diu sînen wort sint lussam.* (v. 4693)
>
> . . . .
> *er hât den wunsch von worten:*
> *sînen sin den reinen*
> *ich waene daz in feinen*
> *ze wundere haben gespunnen*
> *und haben in in ir brunnen*
> *geliutert unde gereinet:*
> *er ist binamen gefeinet.* (v. 4698–4704)
>
> . . . .
> *ez ist noch der geloube mîn,*
> *daz er buoch unde buochstabe*
> *vür vedern an gebunden habe;*
> *wan wellet ir sîn nemen war,*
> *sîniu wort diu sweiment alse der ar.* (v. 4718–4722)

Hier hat Gottfried das Stichwort für die Kennzeichnung seines eigenen Stiles gegeben, für das gleichsam ins Überwirkliche Entschwebende (*sweimen*), für die »ästhetisierende Entwirklichung des Wortes« (Julius *Schwietering*, Die deutsche Dichtung des Mittelalters, S. 194), die seinen Stil wesenhaft charakterisiert. Seine Sprache ist aufs feinste ziseliert, wunderbar ausgewogen, von höchstem Wohllaut und ausgesprochener Musikalität. Diese beruht vor allem auf der im ›Tristan‹ verbreiteten variierenden Wortwiederholung und dem Wortspiel sowie auf der von Gottfried neben dem Endreim gern verwendeten Alliteration, ohne daß deren Funktion damit erschöpft wäre, da sie ja auch Sinnbeziehungen stiftet. Zugleich aber ist Gottfrieds Stil von bestechender Luzidität und Klarheit, ja logisch durchstrukturiert – wofür schon die am häufigsten gebrauchten Stilfiguren zeugen: der Parallelismus bzw. die Symmetrie und die besonders charakteristische Antithese, die gelegentlich zum Oxymoron gesteigert wird (vgl. v. 60–63) –, jedoch fern von rationaler Eindeutigkeit oder gar Einschichtigkeit im Entscheidenden, und in manchem offensichtlich der (mittel)lateinischen Poetik und Rhetorik verpflichtet (vgl. dazu etwa die noch immer beachtenswerte Untersuchung von Stanislaw *Sawicki*, Gottfried von Straßburg und die Poetik des Mittelalters, 1932). Man mag diese beiden Aspekte von Gottfrieds Sprache als ›Schönheitsstil‹ und ›Gedankenstil‹ unterscheiden, wie Gustav *Ehrismann* es getan hat (Geschichte der deutschen Literatur bis zum Ausgang des Mittelalters, Bd. II, 2, 1, S. 323 und 325), sofern man sich nur des Schematischen dieser Trennung und des in Wirklichkeit geheimnisvoll Verschmolzenen der beiden Seiten bewußt bleibt. Das Wesentliche ist, daß im Klang der Gottfriedschen Verse Sinn manifest wird und daß die virtuos gehandhabten Stilmittel im Dienste der Aussage stehen; mit einer Formulierung Rüdiger *Krohns*: »Stets war der äußere Ausdruck integraler Bestandteil der inneren Aussage. Gehalt und Gestalt gehen bei ihm [Gottfried] eine ideale, symbiotische Verbindung ein« (Nachwort zu seiner ›Tristan‹-Ausgabe und -Übersetzung, S. 256). Von Gottfrieds Stilideal der *perspicuitas* aus, wie er es im Hinblick auf Hartmann von Aue und Bligger von Steinach formulierte, wie er es aber auch in seiner Dichtung selbst Gestalt werden ließ, wird verständlich, wie zuwider ihm der schwerere, ›dunkle‹ Stil Wolframs von Eschenbach, die *obscuritas*, sein mußte. – Auf Einzelheiten von Gottfrieds Sprachstil können wir hier nicht eingehen. Wir verweisen dafür auf die guten Zusammenfassungen über Stil und Technik der Darstellung im ›Tristan‹, die, im Sinne der älteren Forschung, Friedrich *Vogt* (Geschichte der mittelhochdeutschen Literatur, I. Teil, 3. Aufl., S. 349–363) und Gustav *Ehrismann* (S. 323–332) gegeben haben, sowie auf die im Literaturverzeichnis, S. 115 ff., genannten neueren Spezialuntersuchungen; s. auch den souveränen Überblick von Peter *Ganz* (Einleitung, S. XXIVff.).

Keine, wenn auch noch so knappe Kennzeichnung der Eigentümlichkeiten von Gottfrieds Sprachkunst darf das Faktum übergehen, daß der ›Tristan‹-Dichter eine unverkennbare Vorliebe für Wortneubildungen (Neologismen) hat, auch dies übrigens in Übereinstimmung mit der Forderung mittelalterlicher Poetiken. Besonders auffällig ist seine Neigung zu denominativen Derivationen, oft in Form von Präfixdenominativa. Zu *werlde* bildet Gottfried das Verbum *werlden* (Partizip *gewerldet*, v. 44, 65; in der Hs. H auch v. 1652), zu *herze: (ge)herzen* (v. 118 und 6148) und *entherzen* (v. 11888), zu *maere: bemaeren* (v. 125, 17227), zu dem Numerale bzw. dem Indefinitpronomen *beide: beiden* »verdoppeln« (*gebeidet*, v. 13766), u. a. Sogar von Eigennamen leitet Gottfried neue Verben ab: *êven < Êve* (*sus sint ez allez Êven kint, / die nâch der Êven gêvet sint*, v. 17961/62), *g(e)isôten < Îsôt* (v. 19006). Doch auch zu gängigen Verben schafft Gottfried Neubildungen, so zu *pflegen: widerpflegen* (v. 32), zu *niuwen: viuwerniuwen* (v. 19045). Neben Verben gehören Nominalkomposita zu den von Gottfried gern gebrauchten Neologismen. Etwa mit dem Bestimmungswort *erbe: erbeminne* (v. 19179), *erbepfluoc* (v. 16842), *erbesmerze* (v. 19127), *erbevater* (v. 4301), *erbevogetîn* (v. 11765) oder mit dem Bestimmungswort *bette: bettegelt* (v. 12609), *bettemaere* (v. 14028). Den Vorstellungskomplex »Glaube, daß man einen Vater habe« faßt Gottfried in dem Kompositum *vaterwân* prägnant zusammen (v. 4231), usw. Sehr viele der Gottfriedschen Neologismen sind Hapaxlegomena, und zwar nicht allein im ›Tristan‹, sondern sie sind das, soweit wir sehen, auch in der gesamten mittelhochdeutschen Literatur geblieben.

Gottfrieds von dem Ideal der *mâze* geformter ›Schönheitsstil‹ beruht aber nicht allein auf der Melodie der Sprache, sondern auch auf der aufs höchste kultivierten Versbehandlung. Die unbedingte Reinheit des Reimes ist für Gottfried selbstverständlich. Eine größere Zahl rührender Reime verstärkt noch – infolge der Einbeziehung auch des Konsonanten, der dem die letzte Hebung tragenden Vokal vorausgeht, in den Reim – die Wirkung des Gleichklanges. Noch bedeutsamer ist der Rhythmus. Gottfrieds Vers ist der vierhebige zweivierteltaktige Vers der mittelhochdeutschen Reimpaardichtung; sein Schema: (x)│x́x│x́x│x́x│x́∧. Die Verse des ›Tristan‹ nähern sich dem regelmäßigen Wechsel von Hebung und Senkung (›alternierender Rhythmus‹) und zeigen also ein Höchstmaß an Ausgewogenheit. Freilich hat Gottfried die alte ›Füllungsfreiheit‹ nicht völlig aufgegeben. Aber anders als Wolfram macht er von ihren Möglichkeiten (einsilbiger Takt: |´| ; dreisilbige Takte infolge einer ›Spaltung der Hebung‹: |◡◡x| oder einer ›Spaltung der Senkung‹: |x̣◡◡| ; auch Freiheit des Auftaktes) nur einen sehr maßvollen Gebrauch. Von besonderer Wichtigkeit für Gottfrieds Vers ist die sog. schwebende Betonung, das heißt die Einebnung der Akzentuierung, die Dämpfung der rhythmischen Kurve, indem die die sprachliche, ›natürliche‹ Betonung tragende Silbe einen schwächeren metrischen Akzent erhält, die unbetonte aber einer Hebung angenähert wird. Häufig ist das Wort *minne* mit schwebender Betonung zu sprechen: *mĩnnẽ* (vgl. die Beispiele bei Ulrich *Pretzel*, Sp. 2431). Über die schwebende Betonung hinaus ist nach Friedrich *Ranke* (Zum Vortrag der Tristanverse) des öfteren auch mit ›versetzter Betonung‹ zu rechnen, etwa: *liep ùnde leit diu wâren ie* (v. 206), *tiurẹ ùnde wert ist mir der man* (v. 17), ja sogar: *allèr der lánthèrren lében* (v. 153), *hôerèt verlúst ùnde gewìn* (v. 367). Diese Verse sind nach *Ranke* nicht auftaktlos und mit dreisilbigem ersten Takt zu lesen (also z. B.: *tiurẹ unde...*), sondern mit Auftakt und ›schwebender‹ bzw. ›versetzter‹ Betonung. »In allen diesen Fällen ist die ›versetzte Betonung‹ nicht ein sprachwidriges Mittel der Herausgeber, die ›einsilbige Senkung‹ herzustellen, sondern ein Mittel des Dichters, die Stimmung des Inhalts durch eine plastische Vortragslinie nachzuweisen [...] Der Vortrag von Gottfrieds Versen steht näher bei der gesungenen Lyrik als bei der Prosa: Prosatonfall, Sprachmelodie und Versrhythmus verschmelzen in ihm zu einer neuen, spannungsreichen künstlerischen Einheit« (1948, S. 539). Wir lassen die Frage offen, ob man in der Annahme versetzter Betonungen so weit gehen soll wie *Ranke*. Aber daß die metrische Betonung im ›Tristan‹ oft den Vorrang vor der ›natürlichen‹, prosanahen hat, gehört zum Wesen dieses Verses hinzu. Gottfried verwendet auch die wechselnde Betonung, besonders bei Namen: Neben der Betonung auf der ersten Silbe, z. B. Trístan, auch – nach romanischem Vorbild – die auf der zweiten Silbe, etwa: *Tristán Isólt, Isólt Tristán* (v. 130).

Andreas *Heusler* hat in bezug auf den höfischen Reimpaarvers von einer »Angleichung an den romanischen Versstil« gesprochen (§ 625). Diese Angleichung ist sicherlich vorhanden. Wenn er aber Gottfried eine »Freude am Welscheln« vorwirft und eine »Entdeutschung des Versstiles« glaubt feststellen zu können (ebd.; vgl. bereits § 612), dann wird von *Heusler eine* Möglichkeit des deutschen Verses, die germanischem Erbe entstammt, absolut gesetzt, und es ist verkannt (worauf auch Ulrich *Pretzel* hinweist, Sp. 2429), daß zum deutschen Vers auch andere Möglichkeiten als nur die germanische gehören, die nicht weniger legitim sind.

Wir halten es für wichtig, daß man sich nicht mit der Konstatierung von Gottfrieds Formgenialität und dem Aufzeigen seiner sprachlichen, stilistischen und metrischen Mittel begnügt, vielmehr erkennt, wie schon oben betont, daß die virtuose Behandlung der Sprache bei Gottfried nicht Selbstzweck ist – wie oft bei späteren Dichtern des 13. Jh.s –, sondern daß sie gebunden bleibt an die ideelle Tiefe, an die Tiefe des gehaltlich-weltbildlich-existentiellen Problems. Die entscheidende Frage ist dann: In welchem Verhältnis steht beides, die formbetonte, so überaus schöne Sprachkunst und die ideelle Tiefe? Julius *Schwietering* hat die Antwort so formuliert: »Sein [Gottfrieds] vom Ideal höfischer *mâze* beherrschter Stil breitet sich als einheitliches Gewand über die ganze Dichtung, um in dämpfendem Gegenspiel zum Inhalt als einer der geheimsten Reize dieser Kunst von der höfischen Gesellschaft empfunden zu werden« (Der Tristan Gottfrieds von Straßburg und die Bernhardische Mystik, 1943, S. 13). »Dämpfendes Gegenspiel zum Inhalt«, das heißt mit anderen Worten: die schöne, gebändigte Form ist nicht nur allgemein Träger ideeller Tiefe, sondern fängt gewissermaßen die äußersten Spannungen und Dissonanzen im Gehaltlichen auf, mildert sie – aber löscht sie niemals aus. Wenn Hans *Goerke* und Gottfried *Weber* übereinstimmend, aber unabhängig voneinander, dahin urteilen, daß Gottfried seine tiefsten Absichten angesichts der Zeitverhältnisse des öfteren verschleiern mußte, so daß die Aussagen auch vordergründig und andersartig gedeutet werden konnten (*Goerke*, S. 80; *Weber*, Bd. I, S. 247; später in diesem Sinne auch Werner *Betz*, 1969, S. 168f. [= WdF, Bd. 320, S. 519]), dann darf hierfür auch auf die Gottfriedsche Formkunst verwiesen werden, die wohl imstande war, den Hörern die Freude am ästhetischen Genuß stärker zu vermitteln als die weltbildliche Problematik. Die schöne Form kann nicht nur verzaubern, sondern auch verhüllen.

Gottfrieds Sprachstil hat, wie der Hartmanns von Aue und Wolframs von Eschenbach, auf die späthöfischen Dichter gewirkt. In seiner Nachfolge stehen besonders Rudolf von Ems († zwischen 1251 und 1254) und Konrad von Würzburg (†1287). Den Ausdruck ›Gottfriedschule‹ vermeidet man dabei besser, schon aus dem Grunde, weil kaum einer der späteren Dichter in Sprache, Stil und Vers ausschließlich *einem* Vorbild, eben Hartmann oder Wolfram oder Gottfried, verpflichtet ist. So weist manches in der Formkunst Rudolfs von Ems auch auf Hartmann zurück, und gelegentlich spürt man sogar die Einwirkung Wolframs. Und wenn z. B. Julius *Schwietering* an Gottfrieds Stil die Bändigung durch die *mâze* rühmt, dann fehlt diese in der Sprache Konrads von Würzburg manchmal durchaus: Er unterliegt des öfteren der Versuchung, in Bildern und Metaphern zu schwelgen, und ist der Gefahr der Outrierung der sprachlichen Möglichkeiten, anders als Gottfried, nicht immer entgangen. Man hat seinen Stil deshalb auch als ›barock‹ gekennzeichnet; meist spricht man von ihm als ›geblümtem Stil‹. Dagegen gipfelt in der Dichtung Konrads von Würzburg die Bändigung, die äußerste Kultivierung des Verses, seine zuchtvolle Regelmäßigkeit noch über Gottfried hinaus. Konrads Vers ist in noch höherem Maße als der Gottfrieds alternierend.

Literatur:

Literatur zum Stil vgl. S. 115ff. (Abschnitt g).

Literatur zur Verskunst:

Carl von *Kraus*: Wort und Vers in Gottfrieds ›Tristan‹, in: ZfdA 51, 1909, S. 301–378.

Andreas *Heusler*: Deutsche Versgeschichte, Bd. 2, 1927, unveränderter Nachdruck 1956.

Friedrich *Ranke*: Zum Vortrag der Tristanverse, in: Festschrift Paul Kluckhohn und Hermann Schneider gewidmet […], 1948, S. 528–539; wieder abgedruckt in: F. R., Kleinere Schriften, 1971, S. 105–114.

Ulrich *Pretzel*: Deutsche Verskunst, in: DPh, Bd. III, ²1962, 2., unveränderter Nachdruck 1979, Sp. 2357–2546 [enthält eine ausführliche Bibliographie; Spezialuntersuchungen zum mittelhochdeutschen Versbau sind verzeichnet Sp. 2530f.].

Helmut *de Boor*: Über dreisilbige und zweisilbige Komposita und Derivata im Nibelungenlied, bei Gottfried und Hartmann. Ein Beitrag zur Frage des Verhältnisses von Sprachrhythmus und Versrhythmus, in: Festschrift für Hans Eggers zum 65. Geburtstag (= Beitr. 94 [Tüb.], Sonderheft), 1972, S. 703–725 (insbesondere S. 712–719).

III. Kapitel
Der Tristanstoff in der mittelalterlichen Dichtung

Der Tristanstoff ist im Mittelalter weit verbreitet gewesen, nicht nur in der deutschen Literatur, sondern vor allem auch in den romanischen Literaturen, aber auch noch darüber hinaus. In stoffgeschichtlicher Betrachtung steht Gottfrieds ›Tristan‹ an einer bestimmten Stelle innerhalb dieser weit verzweigten dichterischen Gestaltungen als eine Dichtung neben anderen. So hat die Forschung des 19. und des anhebenden 20. Jh.s denn das Werk auch gesehen. Heutzutage weiß man längst um das Unzureichende dieser Betrachtungsweise. Dennoch ist die Stoffgeschichte nicht ohne Belang. Der Ausformung von Motiven und Motivkomplexen, dem Werden und der Wandlung eines Stoffes nachzugehen bleibt eine legitime Aufgabe der Literaturgeschichte. Allerdings muß die Stoffgeschichte stärker unter geistes-, sozial- und formgeschichtlichem Aspekt betrieben werden, als dies lange Zeit geschehen ist. Stoffgeschichte ist, so aufgefaßt, nichts anderes als die Geschichte von geistigen, sozialen und stilistischen Wandlungen am konkreten Beispiel bestimmter Stoffe. Davon müssen wir in einem Realienbuch, dessen Umfang zudem begrenzt ist, weit entfernt bleiben. Aber die Grundlage der Erkenntnis, um die es der Wissenschaft geht, ist stets die Kenntnis. Sie soll im folgenden vermittelt werden.

Wir blicken in diesem Kapitel weit über Gottfried von Straßburg hinaus auf die Tristandichtungen des europäischen Mittelalters. Das Dunkel der Sagengeschichte freilich kann im wesentlichen außerhalb unseres Blickfeldes bleiben. Die Frage nach der Entfaltung der Tristan-Fabel vor der einigermaßen sicher faßbaren französischen Dichtung des 12. Jh.s liegt nun in der Tat vom hochmittelalterlichen ›Tristan‹ allzu weit ab, als daß wir sie hier mehr als zu streifen brauchten[1]. Daß die Tristansage (insel)keltischen Ursprungs ist, ja mehr noch, daß es eine keltische Tristandichtung gegeben hat, wird heute überwiegend angenommen, ohne daß diese These als sicher gelten dürfte. Die älteste Schicht der Tristansage, die in der ausgebildeten Dichtung als Mor(h)oltepisode wiederkehrt, dürfte piktisch sein und ins 9. Jh. zurückreichen. Es muß ausdrücklich betont werden, daß die sehr wahrscheinlich piktische Herkunft dieses Teils des Tristanstoffes entgegen der früher vertretenen Ansicht wohl nicht auf ein vorkeltisches Stadium der Sage

---

[1] Die folgenden Ausführungen werden ergänzt durch entsprechende Darlegungen in dem Kapitel über die Forschungsgeschichte.

hinweist: Früher sah man in den Pikten die nichtindogermanische Urbevölkerung Schottlands; heute weiß man, daß die Pikten eine keltische, zum mindesten aber keltisierte Völkerschaft waren. Letztlich piktisch ist auch der Name des Helden: Der Name *Tristan* geht zurück auf *Drust,* den Sohn des Talorc, eines Königs der Pikten, der am Ende des 8. Jh.s im nördlichen Schottland herrschte. Die Namen Drust und Talorc sowie die aus ihnen abgeleiteten Drostan und Talorcan treten wiederholt unter den Namen der Könige in piktischen Chroniken auf. Im Kymrischen (Walisischen) erscheint der Name dann als Drystan oder Trystan, Sohn des Tallwch. In den Dichtungen wird der Name ›Tristan‹ in Anlehnung an frz. ›tristesse‹ (<lat. tristitia) erklärt, vgl. Gottfried: *von triste Tristan was sîn nam* (v. 2003). Den Namen der Heldin *Isolde* hat man für ursprünglich germanisch gehalten (fränk. Ishild oder Iswalda; oder ags. Ethylda), doch ist die Etymologie nicht gesichert – Ableitung von dem kymrischen Namen Essyllt bleibt nach wie vor zu erwägen. Desgleichen sind die Namen *Marke* und *Brangaene* keltischen Ursprungs. Allerdings beweisen die keltischen Namen nicht unbedingt auch die keltische Herkunft des Tristanstoffes – sie könnten auch erst sekundär in französische Dichtungen aufgenommen worden sein.

Die Namensformen in den mittelalterlichen Tristandichtungen sind sehr vielgestaltig. Eine ausführliche tabellarische Übersicht gibt J. *Gombert* (S. 6–9): Béroul: Tristran(t), Tristrans und Iseut, Yseut; Eilhart: Trist(r)ant und Isalde, Ysalde; Thomas: Trist(r)an u. a. und Isolt, Ysolt, Isol, Isode u. a.; Gottfried: Tristan und Isolt, Isôt (flektiert: Isolde, Isôte); französischer Prosaroman: Tristan und Iselt, Iseut, Yseult u. a.; deutscher Prosaroman: Tristrant und Isald.

Für die Herkunft der Motive und Stoffelemente der Tristandichtungen des 12. Jh.s und damit – mittelbar – selbstverständlich auch im ›Tristan‹ Gottfrieds kommen verschiedene Bereiche in Frage. Erstens die keltische Heldensage, die sich ihrerseits z. T. um (sagenhaft-)geschichtliche Ereignisse kristallisiert haben wird. (Ein König Mark – Marcus – von Cornwall wird von der 884 verfaßten Vita S. Pauli Aureliani für das 6. Jh. bezeugt.) Zweitens Motive aus der internationalen Erzählliteratur (Märchen-, Schwank- und wohl auch Legendenmotive; ein typisches Märchenmotiv ist das von der Schwalbe mit dem goldenen Haar einer Jungfrau). Drittens antiker Einfluß: Schon früh hat man auf die Sage von Paris und Oenone als ein Vorbild für den Isolde-Weißhand-Teil hingewiesen, die unter der Einwirkung der Theseussage (Motiv des weißen und schwarzen Segels) umgebildet wurde, wobei jedoch, was in der Theseussage nur als eine Vergeßlichkeit des Theseus erscheint, im ›Tristan‹ zu einer vorsätzlichen Handlung der weißhändigen Isolde geworden ist. Neuerdings ist daneben die große Bedeutung des spätantiken Apolloniusromans für den mittelalterlichen Tristanroman erkannt worden. Daß antike Sagen und Dichtungen, wie die von Paris und Oenone, bereits für die Konzeption der ursprünglichen Tristandichtung, die man am besten den ›Ur-Tristan‹ nennt, von erheblicher Bedeutung gewesen seien – nicht also erst für die spätere Ausgestaltung der ›Tristan‹-Fabel –, ist neuerdings die These von Sigmund *Eisner*. Er datiert diesen ersten ›Tristan‹, der von einer literarisch hochgebildeten Persönlichkeit in einem nordbritischen Kloster geschaffen worden sei, nicht vor dem 7. und nicht nach dem 8. Jh. (ähnlich auch der Keltologe James *Carney*, Studies in Irish Literature and History, 1955: einige Zeit vor 800).

Ob die Tristan-Fabel (viertens) auch aus orientalischen Quellen im Sinne einer Bereicherung und Ausgestaltung gespeist worden ist (was auch solche Forscher zugeben, die sie im Kern und nach ihrem Ursprung für keltisch halten) oder ob sie sogar einem orientalischen Modell ihr Dasein verdankt, also östlicher Herkunft ist, ist eine bis heute nicht definitiv beantwortete Frage. Schon im Jahre 1911 hat Rudolf *Zenker* das persische Epos ›Wîs und Râmîn‹ als die eigentliche Quelle für den ›Tristan‹ postuliert. Er ist mit seiner These, bis auf wenige Ausnahmen, auf entschiedene Ablehnung gestoßen, und erst 50 Jahre später hat Franz Rolf *Schröder* die Aufmerksamkeit wieder auf das persische Epos gelenkt. Die uns bekannte Erzählung von Wîs und Râmîn wurde um die Mitte des 11. Jh.s von Fakhreddîn As 'ad Gorgâni gedichtet (der Name des Dichters erscheint auch mit abweichenden Formen), doch geht sie nach seinen eigenen Angaben auf eine ältere Version zurück, die seinem Werk um Jahrhunderte vorausliegt und in Pehlevi (Mittelpersisch) verfaßt war. Aus dem ausgehenden 12. Jh. kennen wir auch eine georgische Bearbeitung in Prosa (›Wisramiani‹). Es ist nicht zu bestreiten, daß zwischen der persischen Dichtung von Wîs und Râmîn und den europäischen von Tristan und Isold erhebliche Übereinstimmungen bestehen (vgl. z. B. die übersichtliche Zusammenstellung von Walter *Haug*, S. 413–415; detaillierter, aber weniger übersichtlich, Alev *Tekinay*, S. 90–107 [auch zu anderen orientalischen Parallelen]). Daneben gibt es freilich auch deutliche Abweichungen in den Motiven und in der Handlungsführung. Zu dem innerhalb der Tristan-Fabel als alt geltenden Morholtkampf bietet das persische Epos keine Entsprechung, und – was wichtiger sein dürfte – auch der Schluß ist anders. Während der ›Tristan‹ geradezu stoffsignifikant mit dem Tod der beiden Liebenden endet, erzählt die persische Dichtung von der glücklichen Vereinigung der Liebenden: Râmîn, der Liebhaber der jungen Königin Wîs, ein jüngerer Bruder des bejahrten Königs Môbad (dessen Rolle und Charakter in erstaunlichem Maße an Marke erinnern), empört sich gegen den Herrscher; doch bevor es zum Bruderkampf kommt,

wird Môbad von einem wilden Eber getötet, Râmîn erbt von ihm
den Thron und seine Witwe, und er und Wîs leben viele Jahre
glücklich miteinander. In der Gul-Episode des Wîs-und-Râmîn-
Epos (Gul = »Rose« ist der Name eines schönen Mädchens, das
Râmîn nach der Trennung von Wîs in der Fremde kennenlernt und
das er heiraten will; doch überwältigt ihn die Sehnsucht nach Wîs,
zu der er zurückkehrt) könnte auch schon die Isolde-Weißhand-
Partie des ›Tristan‹ vorgebildet sein, der indes eine andere orientalische Dichtung noch nähersteht. Es war Samuel *Singer*, der im Jahre
1918 auf schlagende Parallelen hingewiesen hat, die zwischen den
Geschicken des arabischen Dichters Kais Ibn Doreidsch und seiner
Frau Lobna (Lubna), wie sie der arabische Dichter al-Isfahani
(9. Jh. n. Chr.) berichtet, und denen von Tristan und Isold bestehen: Kais und Lobna, deren Ehe kinderlos geblieben ist, werden
gegen ihren Willen voneinander getrennt. In der Fremde trifft der
Mann auf ein Mädchen, das zufällig so heißt wie seine frühere
Frau: Lobna. Lobnas Bruder, der mit Kais Freundschaft schließt,
bringt eine Ehe zwischen seiner Schwester und seinem Freund
zustande, doch berührt Kais seine zweite Frau lange Zeit nicht. Ein
zufälliges Zusammentreffen mit der ersten Lobna, die ihn nicht
einmal grüßt, läßt Kais in eine unheilbare Krankheit fallen. Das
Ende der beiden Liebenden ist unterschiedlich überliefert, doch
dürften die verschiedenen Versionen darin zusammenstimmen, daß
Kais und die erste Lobna aus Liebesschmerz gestorben sind. Der
Gedanke: »Ich habe Lobna verloren und Lobna gefunden« kehrt in
der Isolde-Weißhand-Partie der Tristandichtungen in genauer Entsprechung wieder; prägnant formuliert etwa Eilhart: *he* [Tristrant]
dâchte: ich habe Îsaldin vlorn, / Îsaldin habe ich wedir vunden (v.
5690f.).

Neben ›Wîs und Râmîn‹ und der Geschichte des Dichters Kais Ibn
Doreidsch gibt es noch weitere orientalische Dichtungen, die in manchen
Motiven Übereinstimmungen mit dem ›Tristan‹ zeigen (vgl. die Parallelen,
die jüngst Alev *Tekinay* zusammengetragen hat). Doch bedeutet Koinzi-
denz in den Motiven keineswegs, daß immer ein direkter Einfluß, eine
wirkliche Übernahme, also die Abhängigkeit der einen Gestaltung von der
anderen, vorliegt (in diesem Falle die einer europäischen Dichtung des
Mittelalters von orientalischen Dichtungen). Motivparallelität kann, besonders wenn es sich um die Übereinstimmung nur von einzelnen Motiven
handelt, nicht um die eines ganzen Motivkomplexes oder einer Motivkette,
auch auf Polygenese beruhen, d. h. auf der autochthonen Entstehung der
gleichen Motive in verschiedenen Kulturkreisen und Literaturen. Überdies
kommen manchmal auch mehrere Quellen in Betracht, aus denen ein
bestimmtes Motiv in die Tristan-Fabel übernommen worden sein kann. So
findet sich das Motiv, daß aus den Gräbern der im Tod vereinten Liebenden

Pflanzen wachsen, die sich nicht trennen lassen – sinnbildlicher Ausdruck der unaufhebbaren Vereinigung der Liebenden im Tod und über den leiblichen Tod hinaus –, wie im ›Tristan‹ (Weinrebe und Rosenstock) ebenso in der irischen Erzählung von Baile und Ailinn (vgl. u., S. 36) – hier sind es eine Eibe und ein Apfelbaum – wie in mehreren orientalischen Dichtungen, persischen und namentlich türkischen.

F. R. *Schröders* neuerlicher Versuch, den ›Tristan‹ auf das persische Epos von Wîs und Râmîn (sowie auf die Erzählung von der Liebe des Dichters Kais Ibn Doreidsch) zurückzuführen, hat zunächst ebenfalls wenig Beachtung oder gar Zustimmung gefunden. Und als Walter *Haug* zwölf Jahre nach *Schröder* (1973) das Problem wieder aufgriff, führten ihn seine Überlegungen doch zu Folgerungen, die in eine andere Richtung weisen als die Ergebnisse *Schröders*, nämlich daß die »strukturelle Konzeption« des ›Tristan‹ wohl kaum direkt aus dem orientalischen Material, konkret: dem Epos von Wîs und Râmîn, entwickelt worden sei, wenngleich sie offensichtlich erst mit dessen Hilfe habe realisiert werden können (S. 417). »Dabei ist es nicht unbedingt notwendig, sich der Alternative zwischen einem keltischen und einem orientalischen Ursprung zu stellen. Denn statt sich von den den beiden Erzählungen gemeinsamen oder sich nahe stehenden Motiven zu einer alternativen Entscheidung drängen zu lassen, könnten diese Motive auch als Basiselemente angesehen werden, die nicht nur eine Kontamination nahegelegt, sondern dann auch eine derart innige Verbindung ermöglicht hätten, daß man den Tristanroman zu zerstören drohte, wenn man sie aufzulösen versuchte« (S. 415).

Gleichwohl ist bei aller zu betonenden strukturellen und ideellen Differenz doch eine Herleitung des ›Tristan‹ aus orientalischem Erzählgut, insbesondere dem Wîs-und-Râmîn-Epos, möglich – indes eben nur möglich und nicht sicher. Überzeugt von dem persischen Ursprung der Tristan-Fabel ist Pierre *Gallais* (1974), dessen Arbeit von deutschen Forschern noch zu wenig beachtet worden ist. Der Weg von der persischen Dichtung des 11. zur französischen Dichtung des 12. Jh.s hat sich nach *Gallais* in drei Etappen vollzogen: vom Persischen zum Arabischen; vom (arabischen) Orient in den islamischen Okzident (Spanien); von der islamischen Welt in die christliche (wobei dieser dritte Schritt sich an einem der christlichen Höfe Nordspaniens abgespielt haben wird). Damit wäre auch die Möglichkeit gegeben, daß der erste ›Tristan‹ in provenzalischer Sprache verfaßt gewesen sein könnte. Auf jeden Fall hat der von Pierre *Gallais* rekonstruierte Weg mehr Wahrscheinlichkeit für sich, als mit einem ad hoc erschlossenen vermittelnden Zwischenglied zwischen der orientalischen und der französischen Dichtung in Form einer lateinischen Prosaversion zu rechnen (so Franz Rolf *Schröder*). Dabei möchte *Gallais* keltische Elemente aus der Genese der europäischen Tristanfabel durchaus nicht ausschließen, ja mehr noch: der ›Tristan‹ ist »le résultat d' une synthèse« (S. 142). Nach *Gallais* verdankt er seine Existenz dem Kontakt von wenigstens drei volkssprachigen Überlieferungen, der arabischen, der keltischen und der französischen (ebd.). Das konstitutive Vorbild freilich ist ›Wîs und Râmîn‹. Man wird der ›persischen These‹ mehr Beachtung schenken müssen, als dies seither, zumal in der deutschen Forschung, geschehen ist. Zur weiteren Klärung (die schwerlich je zu einer einhelligen Meinung führen wird) bedarf es der Zusammenarbeit von Vertretern verschiedener Disziplinen, an erster Stelle von Orientalisten, Keltologen und Romanisten.

Mit wie vielen Unsicherheiten die im allgemeinen nach wie vor präferierte und gelegentlich sogar als unwiderlegbar bewiesen betrachtete These vom (insel)keltischen Ursprung der Tristandichtung behaftet ist, zeigt etwa der folgende Umstand. Nach Gertrude *Schoepperle*, einer bedeutenden Vertreterin dieser Forschungsposition (vgl. u., S. 68 ff.), ist der Kernbestand der Tristan-Fabel auf zwei keltische Literaturgattungen zurückzuführen: auf die *immrama* (»Schiffahrten«, »Seefahrten«, Sing. *immram*) – im ›Tristan‹ benutzt für die Fahrt des im Kampf mit Morholt verwundeten Helden hinaus aufs Meer, um Heilung zu finden – und auf die *aitheda* (»Fluchterzählungen«; Sing. *aithed*) – im ›Tristan‹ verwendet für die Flucht des Liebespaares vom Hof Markes in die Einsamkeit der Wälder –. Besonders auffällig sind die Übereinstimmungen zwischen dem ›Tristan‹ und dem irischen *aithed* von ›Diarmaid und Gráinne‹. Eine vollständig überlieferte Fassung kennen wir zwar erst aus dem 16. Jh.(!), doch ist die Erzählung als solche zweifellos älter; *Schoepperle* setzt ihre Vorstufe im 10. Jh. an. Die Frage, die sich erhebt, ist, ob man diese irische Erzählung mit Gertrude *Schoepperle* als Quelle für den ›Tristan‹ betrachten darf oder ob sie nicht umgekehrt den ›Tristan‹ voraussetzt, ihm gegenüber sekundär, aus ihm abgeleitet ist (so in neuerer Zeit der Keltologe James *Carney* und im Anschluß an ihn der Anglist Sigmund *Eisner*). Unabhängig von der relativen Chronologie darf man außerdem nicht übersehen, wie gerade neuerdings wieder betont worden ist, daß zwischen dem ›Tristan‹ einerseits und der Erzählung von Diarmaid und Gráinne andererseits substantielle Unterschiede bestehen (Raymond J. *Cormier*, Open Contrast: Tristan and Diarmaid, in: Speculum 51, 1976, S. 589–601). Die gleichen Fragen wirft das Verhältnis anderer irischer Dichtungen zum ›Tristan‹ auf. Genannt sei hier nur noch die Erzählung von ›Baile und Ailinn‹ (aus dem 10. oder 11. Jh.), in der die beiden Liebenden aus Kummer um den anderen sterben, und zwar Baile, gleich Tristan, aufgrund einer falschen Nachricht.

Auf das Ungesicherte der These vom keltischen Ursprung des Kerns des Tristanstoffes hinzuweisen kann nicht zur Folge haben, nun irgendeine andere These, etwa die persische, einfach an ihre Stelle setzen zu wollen. Vielmehr gilt festzuhalten, daß Ursprung und Genese des Tristanstoffes vor den ersten erhaltenen Dichtungen (nämlich französischen Dichtungen des 12. Jh.s) im Grundsätzlichen wie im einzelnen dunkel, zweifelhaft und umstritten sind. Unter diesem Vorbehalt stehen auch die folgenden skizzenhaften Ausführungen, die in einer stark forschungsgeschichtlich orientierten Darstellung dennoch ihr Recht behalten, weil sie jene Position der Forschung referieren, die am einflußreichsten geworden ist.

Die Geschichte des Tristanstoffes ist, ausgehend von seinem supponierten keltischen Ursprung, wiederholt dargestellt worden, am eindrucksvollsten, auch geistesgeschichtliche Bezüge aufzeigend, wohl von Friedrich *Ranke* (Tristan und Isold, 1925), der sich teilweise auf die zwölf Jahre ältere große Untersuchung von Gertrude *Schoepperle* stützt. Drei Hauptetappen hat der Tristanstoff nach *Ranke* durchlaufen, ehe er uns in erhaltenen Dichtungen entgegentritt: die keltische Urschicht; das ältere Epos; die jüngere Fortsetzung (zusammenfassende Charakterisierung dieser drei Stufen bei *Ranke*, S. 38f.). Auf der ältesten, der keltischen, Stufe (wahrscheinlich 11. Jh., jedoch reichen die Stoffelemente z. T. bis ins 9. Jh. zurück; anders jetzt *Carney* und *Eisner* [vgl. oben, S. 33]) reizt Isolde, die Gemahlin König Markes, Tristan, den Neffen ihres Gemahls, zu dem sie in Liebe entbrannt ist, so lange durch Spott, bis er an seinem Oheim und Herrn treulos handelt und mit Isolde die Ehe bricht. Nach der Entdeckung und tödlichen Verwundung Tristans umarmt er Isolde und erstickt sie, selber sterbend, an seiner Brust. Der Dichter des ältesten Tristanepos bzw. -romans ist der eigentliche Schöpfer der mittelalterlichen Tristandichtung (*Ranke*, S. 21), insofern er das für den Tristanstoff zentrale Motiv des Liebestrankes erfand und die in der ältesten keltischen Dichtung getrennten Motive zur epischen Einheit zusammenschloß. Durch das Motiv des Liebestrankes werden die Schuldigen schuldlos: gegen ihren Willen werden sie in Schuld verstrickt. Die Dichtung schloß mit dem Waldleben der beiden Liebenden, das mit ihrer Entdeckung und ihrem gemeinsamen Tod, ähnlich wie in der keltischen Dichtung, geendet haben wird. In den erhaltenen Tristandichtungen schließt nun das Geschehen niemals mit dem Waldleben ab, sondern es folgt eine Fortsetzung, die berichtet, daß Isolde an Markes Hof zurückkehrt, während Tristan aus Cornwall verbannt wird und dann die Ehe mit Isolde Weißhand eingeht. Aber nicht nur um die Fortsetzung, sondern auch um eine Einleitung, die die Geschichte von Tristans Eltern Riwalin und Blanscheflur erzählt, ist in den überlieferten Fassungen der Tristanroman erweitert. Nach *Ranke* hat der Dichter der Fortsetzung auch die Vorgeschichte geschaffen (S. 35). Man pflegt seit Gertrude *Schoepperle* (vgl. unten, S. 68 ff.) den Roman des jüngeren Dichters die ›Estoire‹ zu nennen. Es ergibt sich demnach, in einfachster Form, folgender Stammbaum der ältesten (nicht erhaltenen) Tristandichtungen:

*Keltische Tristansage (bzw. -dichtung)
|
*Ältester Tristanroman
(noch keltisch oder – doch eher – französisch)
[Abschluß nach Waldleben]
|
*Estoire
[Einführung der Isolde Weißhand]

Nach der herkömmlichen, freilich nicht unbestrittenen Auffassung entstammen der Estoire wenn nicht alle, so doch die meisten mittelalterlichen (und dann auch die auf ihnen beruhenden neuzeitlichen) Tristandichtungen. Zeit und Ort der Entstehung der Estoire sind umstritten, ihr Dichter ist unbekannt[1]. *Schoepperles* Annahme, die Estoire sei erst in den letzten Jahrzehnten des 12. Jh.s entstanden, ist gewiß nicht zu halten. Der Zeitansatz »um 1150« wird das Richtige treffen. Als Entstehungsort denkt man seit längerer Zeit gern an Poitiers, genauer noch: an den poitevinischen Hof, der im 12. Jh. für die französische Literatur von der größten Bedeutung ist. In diesem Zusammenhang muß vor allem Eleonore von Poitou (Aquitanien) genannt werden, die Enkelin Wilhelms IX., Grafen von Poitou und Herzogs von Aquitanien, des ersten namentlich bekannten provenzalischen Troubadours.

Eleonore ist als Tochter Wilhelms X. von Aquitanien 1122 geboren. Von 1137 bis 1152 war sie die Gemahlin König Ludwigs VII. von Frankreich. Sie ließ sich von ihm scheiden und heiratete noch 1152 den Grafen Heinrich von Anjou, der 1154 als Heinrich II. König von England und damit zum Begründer des Angevinischen Reiches wurde. Eleonore starb 1204. Ihre Töchter setzten ihre literarischen Bestrebungen fort. So war Marie, die aus

---

[1] vgl. hierzu und zum folgenden auch das vierte Kapitel, insbesondere S. 67 ff.

der Ehe mit Ludwig VII. stammt, die Gönnerin Chrétiens von Troyes, und Mathilde, aus der Ehe mit Heinrich II., heiratete den Welfen Heinrich den Löwen, dessen Hof ebenfalls ein Zentrum des literarischen Lebens war. Vgl. zu diesem Komplex Rita *Lejeune*, Rôle littéraire d'Aliénor d'Aquitaine et de sa famille, in: Cultura neolatina 14, 1954, S. 5–57 (über Eleonore und die Tristansage S. 31–36).

1154 zog Eleonore von Poitiers nach London und machte es zu einem Mittelpunkt der romanischen Kultur. Mit der Estoire hat man gelegentlich den Namen Chrétiens von Troyes, des Schöpfers des Artusromans, verknüpft – kein gar so fernliegender Gedanke, wenn man in der Estoire das Zeugnis höchster dichterischer Fähigkeiten sieht und keinen Dichter nennen kann, der in dieser Zeit ein Werk solchen Ranges geschaffen haben könnte, außer Chrétien (oder eben dem zweiten, unbekannten!), zumal Chrétien eine Tristandichtung verfaßt hat, die verloren ist. Indes ist die Ansicht, daß Chrétien der Schöpfer der Estoire sei, vielfach zurückgewiesen worden, so z. B. von Gertrude *Schoepperle* (S. 473). Chrétiens Dichtung ›Von König Mark und der blonden Iselt‹ (›del roi Marc et d' Iselt la blonde‹) hat nach allem, was man vermuten kann, auch in ihrer inneren Wesensart, nichts mit der erschlossenen Estoire gemein. Da man im Mittelalter, wie auch wir es heutzutage tun, die Tristandichtung als ›Tristan‹ oder ›Tristan und Isold‹ zu bezeichnen pflegte, ist es im übrigen schon aus diesem Grunde nicht sicher, ob Chrétien hier mehr als eine Episode aus dem Tristanstoff dichterisch behandelt hat (Gaston *Paris*); auch heute noch rechnen bedeutende romanistische Mediävisten damit, daß Chrétien lediglich ein kürzeres Episodengedicht aus dem Umkreis des Tristanstoffes geschaffen habe. Andere nehmen freilich an, Chrétien habe doch mehr als nur eine Episode aus dem Tristanstoff erzählt, nämlich wirklich einen Tristanroman. Chrétien selbst hat auf jeden Fall wenig später in seinem ›Cligès‹ – nach dem Nachweis von Wendelin *Foerster* – ein Gegenstück zum ›Tristan‹ gedichtet, aber nicht bloß, von der Anlage her gesehen, als Parallele, sondern ebensosehr, innerlich gegensätzlich, als ›Antiisolde‹ oder ›Antitristan‹, der sich sehr wahrscheinlich gegen den ›Tristan‹ des Anglonormannen Thomas wendet (vgl. jetzt auch die Untersuchungen von Rudolf *Baehr*, Chrétien de Troyes und der Tristan, in: Sprachkunst 2, 1971, S. 43–58, und Hubert *Weber*, Chrestien und die Tristandichtung, 1976). In neuerer Zeit hat Bodo *Mergell* die These, daß Chrétien der Verfasser der Estoire sei (die nach *Mergell* bereits die zweite Stufe in der Entwicklung des Tristanstoffes ist, nicht erst, wie in dem oben angeführten Schema, die dritte), wieder erneuert (Tristan und Isolde. [...], 1949, S. 35ff.), allerdings mehr spekulierend als wirklich einen Nachweis führend.

Nach der verbreitetsten, aber keineswegs einhellig vertretenen Ansicht ist die weitere Entwicklung des Tristanstoffes so verlaufen, daß die Estoire eine doppelte (französische) Bearbeitung erfahren hat, eine sog. spielmännische durch Béroul (in der französischen Forschung *version commune* genannt), der die deutsche durch Eilhart nahesteht, und eine sog. höfische durch Thomas (die sog. *version courtoise*), der dann Gottfried von Straßburg gefolgt ist. Folgendes Schema kann die Beziehungen veranschaulichen:

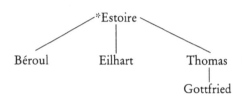

Béroul oder Bérol dichtete um 1190 im normannischen Dialekt. Im zweiten Teil des Werkes wird auf das *mal dagres,* d.i. *mal d'Acre* angespielt (v. 3849), auf die Erkrankung des Kreuzfahrerheeres vor Akkon während des dritten Kreuzzuges, so daß sich das Jahr 1191 als Terminus post quem zumindest für diesen Teil der Dichtung ergibt, während der erste wesentlich früher entstanden sein könnte. (Gegen die auf Ernest *Muret* zurückgehende und allgemein übernommene Konjektur der fraglichen Stelle in *mal d'Acre* hat sich neuerdings Gweneth *Whitteridge* gewandt: The Date of the ›Tristan‹ of Beroul, in: Med. Aev. 28, 1959, S. 167–171. Wenn *Whitteridge* recht hat, würde diese Stelle kein Kriterium für die Datierung liefern können.) Die wesentliche philologische Frage hinsichtlich Bérouls ist, ob *ein* Dichter den gesamten, uns nur bruchstückhaft vorliegenden Roman gedichtet hat. Zwischen den beiden Teilen bestehen so erhebliche Unterschiede, auch sprachlich-stilistischer Art, und Widersprüche, daß man seit Ernest *Muret* (Romania 16, 1887) wiederholt angenommen hat, das Werk sei nicht von *einem* Dichter geschaffen worden, sondern von zweien (Béroul I und Béroul II), zumal der Erzählung im zweiten Teil sichtlich nicht die rekonstruierbare Vorlage des ersten Teils, die Estoire, zugrunde liegt. Auf der anderen Seite gibt es zwischen den beiden Teilen doch auch wiederum deutliche Gemeinsamkeiten und zeigen umgekehrt die beiden Hälften in sich solche Widersprüche, daß auch die Annahme zweier Dichter nicht alle Schwierigkeiten behebt. *Muret* selbst hat später (1928) die Möglichkeit der Verfassereinheit zugegeben. Das Problem ist auch in der gegenwärtigen Forschung noch umstritten. Vgl. zu Béroul besonders die umfassende Monographie von Alberto *Vàrvaro*, Il ›Roman de Tristan‹ di Béroul, 1963.

In die deutsche Dichtung eingeführt wurde der Tristanstoff, und zwar auf eine noch sehr unzureichende und unbefriedigende Weise, durch Eilhart von Oberg in seinem ›Tristrant‹. Eilhart gehörte nach verbreiteter, aber nicht unbezweifelter Ansicht einem Ministerialengeschlecht an, das seinen Sitz in dem Ort Oberg zwischen Braunschweig und Hildesheim hatte (während man die ›literarische‹ Heimat Eilharts z. T. am Niederrhein sucht). Die Datierung von Eilharts Dichtung ist kontrovers. Sie hängt wesentlich, doch keineswegs ausschließlich, von der Frage ab, ob Eilhart von Heinrich von Veldeke in seiner ›Eneide‹ oder Heinrich von Veldeke von Eilhart benutzt worden ist. Im ersten Falle würde Eilharts Werk – als ein Zeugnis früher höfischer Epik – um 1170 anzusetzen sein, und der Dichter erschiene als ein Wegbereiter Veldekes, im anderen Falle etwa 1185/90; dann wäre der ›Tristrant‹ sozusagen hinter seiner Zeit zurückgeblieben (Reimtechnik!), und Eilhart erschiene als schlechter Schüler des großen Meisters. Die stärkeren Argumente sprechen wohl für die frühe Datierung, so daß sich die Reihenfolge Eilharts ›Tristrant‹ – Veldekes ›Eneide‹ ergeben dürfte. Die Überlieferung von Eilharts ›Tristrant‹ ist sehr schlecht. Außer drei alten, der Entstehungszeit noch nahestehenden Handschriftenbruchstücken ist nur eine Bearbeitung aus dem 13. Jh. in Handschriften erst des 15. Jh.s auf uns gekommen. Von Eilharts Dichtung ist auch eine tschechische Übersetzung angefertigt worden, die für die Erschließung der ursprünglichen Fassung von Wichtigkeit ist. Dem tschechischen ›Tristram‹ (so in ihm die Namensform des Helden) liegt aber nicht allein die Dichtung Eilharts zugrunde: Auf den Anfang, der sich an Eilhart anschließt, folgt eine Partie nach Gottfrieds ›Tristan‹, dann wieder ein Stück nach Eilhart, und schließlich wurde für den Schluß Heinrich von Freiberg bearbeitet. Entstanden ist der alttschechische ›Tristram‹ in der zweiten Hälfte bzw. im letzten Drittel des 14. Jh.s.

Schon vor Béroul hat ein anderer Dichter den Tristanroman auf die Höhe der höfischen Kultur seiner Zeit erhoben: der Anglonormanne Thomas (Thomas d'Angleterre, Thomas of Britain). Über die Lebensumstände des Thomas wissen wir kaum mehr als über diejenigen Gottfrieds (vgl. Bartina *Wind*, Nos incertitudes au sujet du ›Tristan‹ de Thomas, in: Mélanges de langue et de littérature du

moyen âge et de la renaissance. Offerts à Jean Frappier, Bd. II,
1970, S. 1129–1138). Auch in ihm vermutet man einen Kleriker. Er
wird in England – vielleicht am Hofe Heinrichs II. – und für ein
anglofranzösisches Publikum gedichtet haben. Friedrich *Ranke* hat
die innere Umformung der Estoire durch Thomas folgendermaßen
gekennzeichnet: »Historische Einbettung, rationale Motivierung,
Verfeinerung des Kulturbildes, vor allem aber die Versenkung in
die Psychologie der Liebe und damit zusammenhängend die selb-
ständige Behandlung des Liebesproblems – das sind die vier Haupt-
richtungen, nach denen Thomas den ihm vorliegenden Stoff [...]
umgestaltet hat« (S. 131). Von seiner Dichtung sind nur Bruch-
stücke erhalten (insgesamt acht in fünf Handschriften, zusammen
etwas über 3100 Verse), doch kann man sie aufgrund der aus
seinem Werk abgeleiteten Dichtungen (vgl. S. 66) weitgehend
rekonstruieren. *Bédier*, der dies zuerst unternommen hat, veranschlagt den Thomasschen ›Tristan‹ auf 17 000 bis 20 000 Verse
(Bd. II, S. 94). Er bleibt also an Umfang hinter Gottfrieds Roman
zurück. (Den über 19 000 Versen von Gottfrieds ›Tristan‹ entsprechen kaum 16 000 Verse der – verlorenen – französischen Vorlage.)
   Die Datierung der Thomasschen Dichtung ist nicht endgültig
gesichert. Die ältere Forschung setzte sie früher an, als es heute
geschieht. Ferdinand *Lot* bemerkte als erster (Romania 27, 1898),
daß dreißig Verse von Gottfrieds ›Tristan‹ aus dem ›Roman de
Brut‹ des Anglonormannen Wace übernommen sind, der sich
ziemlich genau auf 1155 datieren läßt. Diese Übernahme ist aber
nicht erst Gottfrieds Werk, sondern kommt bereits Thomas zu, der
auch an einigen anderen Stellen auf Wace zurückgreift. Auf diese
Weise ergibt sich ein Terminus post quem für Thomas' ›Tristan‹.
Einen Terminus ante quem liefert – freilich nur nach Ansicht eines
Teiles der Forscher – die Beziehung zu Chrétiens ›Cligès‹ (ca.
1170). Für die Datierung von Thomas' ›Tristan‹ ist überhaupt das
Verhältnis zum ›Cligès‹ der Angelpunkt. In beiden Dichtungen
begegnet das Wortspiel *l' amer – amer – la mer* (übernommen in
Gottfrieds ›Tristan‹, v. 11986ff.). Vielfach wird angenommen, daß
es bei Thomas primär und im ›Cligès‹ also übernommen sei. *Bédier*
datiert demgemäß die Tristandichtung des Thomas zwischen 1155
und 1170 (Bd. II, S. 55). Auf einen weiteren Terminus post quem
machte in dem gleichen Jahr, in dem der zweite Band von *Bédiers*
›Tristan‹-Untersuchung erschien, Ernest *Langlois* aufgrund der
Beobachtung aufmerksam, daß die Beschreibung von Blancheflors
Liebeskummer in der Dichtung des Thomas der Laviniaepisode im
›Roman d' Enéas‹ (um 1160 oder einige Jahre früher) nachgebildet
sei (Chronologie des romans de Thèbes, d'Enéas et de Troie, in:

Bibliothèque de l'Ecole de Chartres, Bd. 66, 1905). Gertrude *Schoepperle* mußte wegen ihrer späten Datierung der Estoire auch Thomas sehr spät ansetzen. Diese späte Datierung hat z. B. 1925 Friedrich *Ranke* übernommen (»zwischen 1180 und 1190«, S. 127), und er hat an ihr auch immer festgehalten (›Die höfisch-ritterliche Dichtung‹, in: Deutsche Literaturgeschichte in Grundzügen, hg. von Bruno Boesch, 1946 [³1967]: um 1180). Aufgrund von heraldischen Untersuchungen gelangt R. Sh. *Loomis* ebenfalls zu einer späten Datierung: Er gibt 1185 als frühestmöglichen Termin an (Romania 53, 1927). Zur Zeit wird häufig »um 1170« als wahrscheinlichste Entstehungszeit der Thomasschen Dichtung angenommen. Wie sehr im Fluß die Frage gegenwärtig noch oder wieder ist, erhellt wohl am besten aus folgendem Umstand: Bartina H. *Wind*, der wir die jetzt maßgebende Ausgabe der Fragmente von Thomas' ›Tristan‹ verdanken (Thomas. Les fragments du Roman de Tristan), hat sich in der Einleitung zur ersten Ausgabe (1950) für die Jahre zwischen 1180 und 1190 als wahrscheinliche Entstehungszeit des Werkes ausgesprochen (S. 16); in der zweiten Ausgabe (1960) gelangt sie aufgrund neuerer Untersuchungen zu der Datierung »zwischen 1150 und 1160« (S. 17), doch lautet der Schlußsatz ihrer Überlegungen zum Datierungsproblem: »Toutes les hypothèses sont invérifiables; la question reste ouverte« (ebd.). Und wiederum zehn Jahre später schreibt sie: »Nos plus grandes incertitudes concernent évidemment la datation« (Mélanges [...] offerts à Jean Frappier, S. 1137).

Sicher ist dagegen, daß Thomas verschiedene Fassungen des Tristanstoffes kannte, wie aus einer Erzählerbemerkung in seinem Roman hervorgeht. Für die von ihm erzählte Version beruft er sich auf einen unbekannten Gewährsmann namens Breri. Zwar hat man gemeint, diesen Breri mit dem von Giraldus Cambrensis bezeugten *fabulator famosus* Bledhericus identifizieren zu können, doch kann nicht ausgeschlossen werden, daß es sich lediglich um eine der im Mittelalter nicht seltenen fabulösen Quellenangaben handelt.

Der Roman des Thomas bildet die Vorlage Gottfrieds von Straßburg. Gottfried selbst hat Thomas genannt. Er äußert sich über sein Verhältnis zu ihm und über sein ›Verfahren‹ wie folgt:

> *Ich weiz wol, ir ist vil gewesen,*
> *die von Tristande hânt gelesen;*
> *und ist ir doch niht vil gewesen,*
> *die von im rehte haben gelesen.* (v. 131–134)
>
> *aber als ich gesprochen hân,*
> *daz sî niht rehte haben gelesen,*

daz ist, als ich iu sage, gewesen:
sin sprâchen in der rihte niht,
als Thômas von Britanje giht,
der âventiure meister was
und an britûnschen buochen las
aller der lanthêrren leben
und ez uns ze künde hât gegeben.
Als der von Tristande seit,
die rihte und die wârheit
begunde ich sêre suochen
in beider hande buochen
walschen und latînen
und begunde mich des pînen,
daz ich in sîner rihte
rihte dise tihte.
sus treip ich manege suoche,
unz ich an eime buoche
alle sîne jehe gelas,
wie dirre âventiure was.   (v. 146–166)

Bereits aus Gottfrieds Aussage im Prolog ergibt sich, daß ihm,
wie Thomas, mehrere Versionen des Tristanstoffes bekannt gewesen sind (und daß er allein in der des Thomas die richtige sieht).
Dies bestätigt dann seine Erzählung selbst, wenn er sich in ihr von
abweichenden Angaben oder Berichten distanziert. Kategorisch
erklärt er es für irrig, daß *genuoge jehent und waenent*, Tristans
Vater Riwalin stamme aus *Lohnois*, während sein Geburtsland in
Wirklichkeit *Parmenîe* sei – wobei er sich ausdrücklich auf Thomas
und dessen Quellenkenntnis beruft (v. 324–330). Nur Hohn und
Spott hat der rational eingestellte Gottfried für die Erzählung
übrig, eine Schwalbe sei von Cornwall nach Irland geflogen und
habe von dort ein Frauenhaar für ihren Nestbau zurückgebracht,
weshalb dann Tristan, da Marke eben und nur die Frau heiraten
wollte, der dieses Haar gehöre, mit seiner Schar *nâch wâne* (aufs
Geratewohl) hinausgefahren sei, um diese Frau zu suchen (v.
8601–8628). Man wird von vornherein vermuten, daß unter den
Fassungen des ›Tristan‹, die Gottfried kannte, auch diejenige seines
deutschen Vorgängers in der Rezeption und Adaption des Tristanstoffes, Eilharts also, gewesen sein wird. Mit dieser Vermutung
stimmt überein, daß Gottfrieds Polemiken gegen eine abweichende
›Tristan‹-Version auf die Eilharts zutreffen, d. h. dessen Dichtung
gelten können. So naheliegend diese Annahme ist: völlig sicher und
beweisbar ist sie nicht; so bezweifelt Johannes *Gombert* in seiner

Dissertation (1927), daß Gottfried das Werk seines Vorgängers gekannt habe. Ganz abgesehen von der theoretisch bestehenden Möglichkeit, daß Gottfrieds Polemiken sich gegen eine nicht auf uns gekommene Fassung des Stoffes richten könnten, kann der deutsche Dichter die erwähnten Distanzierungen von divergierenden Angaben und einem divergierenden Erzählverlauf in seiner Vorlage gefunden und aus ihr übernommen haben. Sie würden dann nur indirekt der *version commune* gelten. Mit Sicherheit hat dagegen Wolfram von Eschenbach Eilharts ›Tristrant‹ gekannt (vgl. dazu Hans *Eggers*, Literarische Beziehungen des ›Parzival‹ zum ›Tristrant‹ Eilharts von Oberg, in: Beitr. 72, 1950, S. 39–51).

Ein unmittelbarer Vergleich zwischen dem Roman des Thomas und dem Gottfrieds ist deshalb nur in sehr beschränktem Umfang möglich, weil die beiden Dichtungen lediglich für zwei kürzere Partien parallel überliefert sind: für die Entdeckungsszene im Baumgarten (in Gottfrieds ›Tristan‹ v. 18195–18305) und für den Schluß des Gottfriedschen Werkes (ab v. 19420). Besonders der wiederholt durchgeführte Vergleich der Entdeckungsszene zeigt, daß Gottfried alles andere ist als ein bloßer Übersetzer einer Vorlage. Dies folgt bereits aus der Tatsache, daß den 52 Versen bei Thomas 116 bei Gottfried entsprechen, also in dieser Partie eine Erweiterung auf mehr als das Doppelte. Und wenn man, an sich mit Recht, festgestellt hat, daß der Straßburger Dichter im Ganzen seines Romans gegenüber Thomas wenigstens im Stofflich-Handlungsmäßigen kaum etwas geändert habe, so weist allein schon der Vergleich der Entdeckungsszene in den beiden Dichtungen darauf hin, daß das doch nur mit Einschränkung gilt. Gottfried weicht von Thomas immer wieder in vielen kleinen und sehr bezeichnenden Zügen ab (vgl. hierzu z. B. die entsprechenden Ausführungen Friedrich *Rankes*), so in der Entdeckungsszene etwa darin, daß in Thomas' Version König Marke von dem Zwerg Melot begleitet wird und daß Melot zurückbleibt, während Marke die Barone herbeiholt, wohingegen in Gottfrieds ›Tristan‹ Marke allein zum Baumgarten kommt – was der auch in der Handlungsführung sich manifestierenden Sinn- und Problemerhellung viel adäquater ist. Überhaupt stellen die Abweichungen und Neuerungen Gottfrieds gegenüber seiner Quelle künstlerisch durchweg einen Gewinn dar. Nicht definitiv zu entscheiden ist, ob der von Gottfried nicht mehr gedichtete Schlußteil des Romans gemäß seiner Konzeption statt der bis dahin vorherrschenden Erweiterungen nicht umgekehrt eine Kürzung in dem vergegenwärtigten Handlungsverlauf gebracht hätte, wofür allgemeine Überlegungen sprechen könnten. So wird denn auch die Frage, welchen Umfang Gottfrieds ›Tristan‹

nach der nicht verwirklichten Konzeption des Autors hätte haben sollen, unterschiedlich beantwortet. Petrus W. *Tax* nimmt einen Umfang von 25 000 Versen an (in diesem Sinne neuerdings auch Michael S. *Batts*, Gottfried von Strassburg, 1971, S.16, und Joan M. *Ferrante*, The Conflict of Love and Honor. [...], 1973, S. 89), Peter *Wapnewski* einen solchen von 32 000 Versen – eine nun freilich überraschend und unwahrscheinlich hohe Zahl.

Keinen Zweifel gibt es, daß – bei allem Anschluß Gottfrieds an seine Quelle in den großen Linien des Geschehens – die reflektierenden Partien seines ›Tristan‹ (vgl. zu ihnen unten, S. 94 f.) sein geistig-künstlerisches Eigentum sind. Dies gilt namentlich für den Prolog, die Dichterschau und die Allegorese der Minnegrotte, in mehr oder weniger starkem Maße aber auch für die übrigen Exkurse, wenngleich diese bei Thomas angelegt oder vorgebildet sein werden. Im übrigen verträgt sich die dominierende stoffliche Bindung an eine Vorlage gerade für einen überragenden Dichter wie Gottfried von Straßburg sehr wohl damit, daß er mit seiner eindeutschenden Bearbeitung des Thomasschen Romans »seine eigene Interpretation« des Tristanstoffes geliefert hat (Peter *Ganz*, Einleitung, S. XXIV). Und längst ist es Allgemeingut der Forschung geworden, daß erst Gottfried, wie Friedrich *Ranke* es formuliert hat (S. 178), dem Tristanstoff die klassische Form gegeben habe. Wenn Karl Otto *Brogsitter* meint, die Art der Darstellung, wie sie sich im Werke Bérouls findet, sei »vielleicht überhaupt die künstlerisch idealste Gestaltung der Tristan-Fabel« (Artusepik, ²1971, S. 108), dann ist das eine befremdliche Vorstellung. Indes ist es wohl ohnehin angezeigt, nicht einen Vertreter der *version commune* gegen einen der *version courtoise* auszuspielen, sondern die Frage nach dem Rang der Gestaltung jeweils nur innerhalb einer dieser beiden Traditionen zu stellen.

Gottfrieds ›Tristan‹ ist Torso geblieben: nach 19548 oder 19552 Versen bricht das Werk ab. Zweimal haben es Dichter des 13. Jh.s unternommen, den Roman zu Ende zu führen. Um 1230/35 hat Ulrich von Türheim (aus einem niederen Adelsgeschlecht in der Nähe von Augsburg), der später auch Wolframs von Eschenbach ›Willehalm‹ in einer riesigen ›Rennewart‹-Dichtung zu Ende führte, auf Anregung Konrads von Winterstetten an Gottfrieds ›Tristan‹ einen knappen Schluß (3728 Verse) angehängt – nach einhelligem Urteil der Forschung eine überaus schwache Leistung. Der Abstand von Gottfried ist im Ästhetisch-Künstlerischen ebenso groß wie im Ideellen. Das wird schon daraus ersichtlich, daß die Grundlage der Fortsetzung die ältere Dichtung Eilharts ist. Dies ist eine auch unter soziologischem Aspekt aufschlußreiche

Tatsache: Die ›Mittelhochdeutsche Klassik‹ stellt nicht nur zeitlich einen schmalen Grat dar, sondern sie – und gerade auch Gottfrieds ›Tristan‹ – wandte sich auch nur an einen kleinen Kreis, während das Interesse breiterer Publikumsschichten der, stilistisch und gehaltlich so zu nennenden, ›spielmännischen‹, vor- und frühhöfischen Dichtung wenn nicht überhaupt verhaftet blieb, so sich ihr doch sehr bald wieder zukehrte. Wie unendlich groß der Abstand von Gottfrieds ›Tristan‹ ist, geht daraus hervor, daß der Tod der beiden Liebenden in den Augen Ulrichs die gerechte Strafe für ihre ungesetzliche und sündhafte Liebe ist. Ganz auf dieser Linie liegt es, daß nach Ulrichs Auffassung Tristans Ehe mit Isolde Weißhand den eigentlichen Höhepunkt seines Lebens bildet, eben weil sie Ehe ist. Gebete sollen die in die Hölle verdammten Liebenden von ihren Qualen befreien und den ›Dichter‹ und seine Leser vor einem ähnlichen Leben bewahren. Man ist geneigt, von einem ›bürgerlichen‹ Mißverständnis oder einer ›bürgerlichen‹ Umdeutung der keineswegs ›bürgerlichen‹ Dichtung Gottfrieds durch Ulrich von Türheim, gerade zwei Jahrzehnte später, zu sprechen; auf jeden Fall hat er eine andere Grundauffassung vom ›Tristan‹, deren gedanklich-weltbildliche Basis die christliche Morallehre ist.

Der zweite Fortsetzer von Gottfrieds ›Tristan‹ ist Heinrich von Freiberg, dessen Geschlecht wohl aus Freiberg in Sachsen stammt, auch wenn er selbst nicht dort geboren zu sein braucht. Gegen Ende des 13. Jh.s (um oder bald nach 1290) hat er sein Werk, das mit 6890 Versen wesentlich umfangreicher ist als die Fortsetzung Ulrichs von Türheim, im Auftrage des böhmischen Adligen Reimund von Lichtenburg geschaffen. Heinrich von Freiberg ist wenigstens in seinem formal-künstlerischen Vermögen seiner Aufgabe besser gewachsen gewesen als Ulrich von Türheim. Aber der innere Abstand zu Gottfrieds ›Tristan‹ ist gleichwohl außerordentlich. Bezeichnend ist schon, daß die letzten Worte der Dichtung ein dreimaliges *Amen* sind. Die geistlichen Ausführungen am Schluß stellen Heinrich auf jeden Fall näher zu Ulrich als zu Gottfried. Auch er lehnt sich an Eilharts ›Tristrant‹, dann auch an Ulrichs Fortsetzung an.

Nicht entschieden ist die Frage, ob die etwa 175 Verse einer niederfränkischen Tristanbearbeitung aus der zweiten Hälfte des 13. Jh.s dem Versuch einer zweiten Eindeutschung des Thomas entstammen – die dann neben Gottfrieds Werk unternommen worden wäre – oder einer Fortsetzung Gottfrieds. Vielleicht handelt es sich auch um eine Verbindung von beidem: um den Versuch, Gottfrieds ›Tristan‹ nach seiner Quelle zu Ende zu führen.

Die Dichtung des Thomas wurde nicht nur im deutschen Sprachgebiet rezipiert, sondern wirkte auch auf andere Literaturen. König Haakon Haakonarson (1217– 1263) veranlaßte ihre Übersetzung ins Norwegische. Es ist die ›Tristramssaga‹. An ihrem Beginn wird berichtet, daß sie im Jahre 1226 von dem Bruder Robert verfaßt worden ist. In dem Verfasser dürfen wir einen gelehrten Mönch sehen. Die Saga hat für die Rekonstruktion des Thomasschen Werkes (zunächst durch *Bédier*) die größten Dienste geleistet. Doch dürfte ihre Zuverlässigkeit zeitweilig überschätzt worden sein. In der Saga ist der französische Text stark gekürzt, und zwar so, daß der Handlungsverlauf erhalten blieb, aber das Psychologische und das Gefühls- und Stimmungshafte der Kürzung zum Opfer fielen. Die ›Tristramssaga‹ ist vollständig nur in einer isländischen Handschrift des 17. Jh.s erhalten, fragmentarisch außerdem in einer Handschrift des 15. Jh.s. Auf Island wurde die norwegische ›Tristramssaga‹ im 14. oder 15. Jh. erneut bearbeitet. Auf den Schlußkapiteln dieser Bearbeitung beruht die »durch poetische Kraft und eigenartige Schönheit« (*Ranke*, S. 263) ausgezeichnete isländische Tristanballade (›Tristrams Kvæði‹), die im 17. Jh. aufgezeichnet wurde. – Gegen 1300 fand die Thomassche Dichtung auch ins Englische Eingang: ›Sir Tristrem‹. Während Bruder Robert zu Prosa griff, benutzte der englische Bearbeiter eine kunstvolle elfzeilige Strophenform. Auch dieser Bearbeiter hat gekürzt, und zwar aufs stärkste. Übrig blieb nur das Gerippe der äußeren Handlung. An künstlerischem Rang steht der ›Sir Tristrem‹ wohl noch hinter der norwegischen Saga zurück.

Neben der bisher skizzierten Hauptlinie in der Entfaltung des Tristanstoffes, wie sie von der Forschung herkömmlicher-, aber keineswegs unbestrittenerweise angenommen wird, hat es schon sehr früh Seitentriebe gegeben, die nur Ausschnitte aus dem Geschehen, nur Episoden behandeln. Sie setzen den Tristanroman als bekannt voraus, wobei wir hier die Frage auf sich beruhen lassen, ob sie tatsächlich den ganzen Roman zur Voraussetzung haben oder ihre ältesten, wie Jakob *Kelemina* glaubt, nur dessen erste Hälfte (Untersuchungen zur Tristansage, S. 68). Fest steht, daß solche episodenhafte Dichtungen, Lais[1] oder Novellen, aber wiederum in die großen Dichtungen eingeschmolzen werden konnten, womit bereits für die Stufe der Estoire gerechnet werden muß. Das Thema der meisten dieser Dichtungen ist das Wiedersehen des verbannten Tristan mit der Geliebten. Die Verkleidung

---

[1] ›Lai‹ bezeichnet hier eine Verserzählung, ›Versnovelle‹, also eine epische Form, die von dem lyrischen Lai zu unterscheiden ist.

und die List, durch die er zum Ziele gelangt, wechseln. Zur Ergänzung unserer folgenden knappen Ausführungen, die kaum mehr als eine Aufzählung sein können, verweisen wir auf die Darstellungen *Golthers, Keleminas* und *Rankes*. Das älteste erhaltene derartige Gedicht ist der ›Lai du Chèvrefeuil‹ (Erzählung vom Geißblatt), ca. 1165, in dem ausdrücklich auf eine bereits vorhandene Tristandichtung hingewiesen wird. Der Name des Dichters ist uns bekannt: Es ist eine Frau, Marie de France. (Vgl. dazu jedoch neuerdings die Einwände von Richard *Baum*, Recherches sur les œuvres attribuées à Marie de France, 1968.) In der anglonormannischen Dichtung ›Donnei des amants‹ (Gespräch der Liebenden) vom Ende des 12. Jh.s ist eine Tristanepisode eingeflochten: die von Tristans Nachtigallenschlag. Das wichtige Episodengedicht von Tristans Narrentum (›Folie Tristan‹) ist uns in zwei Fassungen überliefert: in der ›Berner Folie‹, die kürzer und nach *Ranke* (S. 108) altertümlicher und kräftiger ist (genannt nach dem Fundort der Handschrift), und in der ›Oxforder Folie‹, nach dem ehemaligen Besitzer der Handschrift, Sir Francis Douce, auch ›Folie Douce‹ genannt. Der ›Berner Folie‹ liegt die Estoire zugrunde, die ›Oxforder Folie‹ folgt der Dichtung des Thomas und kann deshalb zur Rekonstruktion seines verlorenen Werkes mit herangezogen werden. Um 1230 nahm Gerbert von Montreuil in seine Fortsetzung von Chrétiens ›Perceval‹ auch eine Tristannovelle auf: ›Tristan ménestrel‹ (Tristan als Spielmann), der eine Partie über ›Tristans Kampf‹ (mit den Artusrittern) vorangeht. In deutscher Sprache überliefern zwei Handschriften des 15. Jh.s eine von dem Herausgeber, Hermann *Paul*, ›Tristan als Mönch‹ genannte Dichtung von über 2700 Versen. Sie entstammt etwa der Mitte des 13. Jh.s. Der Dichter war Alemanne, seine Heimat wahrscheinlich das untere Elsaß. Die Dichtung geht wohl auf einen verlorenen französischen Tristanlai zurück, doch benutzte der Dichter auch Eilharts und Gottfrieds Werke. Schließlich ist auch im Italienischen eine Tristannovelle erhalten, die Novelle ›Vom lauschenden König‹, und zwar als die 65. Novelle in den ›Cento novelle antiche‹ (›Il Novellino‹), der ältesten italienischen (Florentiner) Novellensammlung vom Ende des 13. Jh.s.

Die französische Literatur ist den Literaturen der anderen europäischen Völker, auch der deutschen, in der Gestaltung des Tristanstoffes zeitlich dreimal vorangegangen: zuerst in der episch-romanhaften Gestaltung überhaupt; dann in der höfischen Bearbeitung; schließlich in der Umformung des Tristanstoffes zum Prosaroman. Die neue Form ist zugleich Ausdruck eines gewandelten Lebensgefühls. Der erste französische Prosaroman von Tristan

entstand bereits etwa 1225 bis 1235. Als seinen Verfasser nennen
die Handschriften den uns sonst nicht bekannten ritterlichen französischen Dichter Lucas von Gast (oder Gaut; in den Handschriften auch noch zahlreiche andere Varianten des Namens) aus der
Gegend von Salisbury in England. Die Dichtung des Lucas geht
anscheinend auf zwei Tristanromane zurück: auf einen, der der
Estoire nahe stand, wenn nicht mit ihr identisch war, und einen,
der unabhängig von der Estoire und wohl altertümlicher als sie ist
(vgl. *Ranke*, S. 237). Im übrigen ist der französische Roman auch
aus zahlreichen anderen Quellen gespeist. In seiner ursprünglichen
Fassung ist dieser Roman verloren. Eine etwas später, wohl nach
1250, vorgenommene Bearbeitung und umfängliche Ausweitung ist
dagegen in zahlreichen Handschriften und frühen Drucken (der
erste aus dem Jahre 1489 in Rouen, der letzte 1586 in Paris) auf uns
gekommen. Der jüngere Dichter hat sich in Anlehnung an Robert
von Borron, den Dichter des Gralsromans, Helyes von Borron
genannt. Es ist ein rein fiktiver Name.

Die Richtigkeit der als die communis opinio der romanistischen Forschung hier skizzierten These über die beiden Fassungen des französischen
›Prosatristan‹ ist in neuerer Zeit von Renée L. *Curtis* bezweifelt worden
(Romania 79, 1958). Nach *Curtis* ist nur mit *einer* Fassung zu rechnen, die
ein Lucas begonnen und ein Dichter, der sich Helyes nannte, fortgesetzt
hat, wobei der größere Teil dem zweiten Dichter zugeschrieben werden
müsse.
Eine weitere abweichende Position vertritt Emmanuèle *Baumgartner*
(1975). Nach ihrer Auffassung hat sich die umfangreichere zweite Version
nicht aus der einfacheren ersten entwickelt, vielmehr seien beide ungefähr
zur gleichen Zeit entstanden, und zwar nach 1240. Ihre verlorene gemeinsame Vorlage, also das ›Original‹ des ›Tristan en prose‹, setzt sie ebenfalls
nicht vor 1240 an.

In dem französischen Prosaroman ist der Tristanstoff endgültig
mit dem Artuskreis verbunden worden, mit dem schon die Estoire
die Episoden von Tristans Verbannung vom Hofe Markes verknüpft hatte. Der französische Prosaroman von Tristan war außerordentlich beliebt, was die weite Verbreitung in immer neuen,
kürzenden oder erweiternden Bearbeitungen durch die Jahrhunderte hin zeigt. Dieser Beliebtheit ist es wohl in erster Linie
zuzuschreiben, daß die französischen Versromane von Tristan nur
bruchstückhaft erhalten sind. Der französische ›Prosatristan‹ ist ein
riesiges, kaum überschaubares Werk. Er beginnt mit einer breiten
und gestaltenreichen Erzählung von Tristans und Markes Ahnen,
die bis in die Zeit Josephs von Arimathia und der Bekehrung der
Briten zum christlichen Glauben zurückreicht. Der ›Prosatristan‹

stellt nicht mehr letzte Sinnfragen, auf die er eine Antwort zu geben suchte, sondern befriedigt den Stoffhunger des spätmittelalterlichen Publikums. Hemmungslose Phantastik, bunte Abenteuerlichkeit, Freude am vordergründig Stofflichen, breite, episodenhafte Aufschwellung, durch die die Aufmerksamkeit immer wieder von den Schicksalen der Hauptgestalten (aber sind sie es dann eigentlich noch?) abgelenkt wird: all das gehört zu diesem Roman hinzu. (Eine einläßliche Analyse dieses Werkes bietet jetzt Emmanuèle *Baumgartner*, Le ›Tristan en prose‹. Essai d'interprétation d'un roman médiéval, 1975.) Der französische ›Prosatristan‹ hatte von allen mittelalterlichen Tristandichtungen die größte Wirkung: Er drang ins Italienische, Spanische, Portugiesische, Englische (Sir Thomas Malory [nach 1400–1471]: ›Sir Tristram de Lyones‹), ja ins Polnische und Russische und wurde dann auch dort wieder neu bearbeitet. Die italienische Übersetzung des französischen ›Prosatristan‹ war die Hauptquelle für den italienischen ›Tristan‹ in der ›Tavola ritonda‹ (um 1300). Daneben liegt der ›Tavola ritonda‹ aber auch der französische Roman unmittelbar zugrunde und einigen Partien sogar die Dichtung des Thomas. Auch ins Deutsche wurde der französische Roman übersetzt. Nur ein kurzes Fragment in einer späten Handschrift, das eine sichere Datierung der Übersetzung nicht zuläßt, ist erhalten: ein deutliches Zeichen dafür, daß diese Übersetzung keinerlei Erfolg hatte.

Um so größeren Erfolg hatte dafür der deutsche ›Prosatristan‹ (15. Jh.), der auf Eilharts ›Tristrant‹ zurückgeht und dementsprechend im Druck von 1484 den Titel ›die histori von herren Tristrant und der schoenen Isalden von irlande‹ trägt. Hatte schon das 13. Jh. für Gottfried von Straßburg nur ein begrenztes Verständnis gehabt – ein wichtiges Symptom in der Wirkungsgeschichte der Dichtung der ›Mittelhochdeutschen Klassik‹–, so war dieses jetzt vollends geschwunden. Je breitere Kreise am literarischen Leben Anteil nahmen, um so zeitgemäßer war die vordergründige Stofflichkeit, der Eilharts ›Tristrant‹ eher entgegenkam als Gottfrieds überragende Schöpfung. Der deutsche ›Prosatristan‹ zeigt im Vergleich zu dem französischen Roman eine weitaus schlankere, gefälligere Form. Dem ersten (uns bekannten) Druck vom Jahre 1484 in Augsburg folgten zahlreiche andere nach, die sich bis in das 17. Jh. erstrecken (1619 in Erfurt, 1653 und 1664 in Nürnberg; Aufzählung der Drucke bei Günther *Kröhl*, Diss. Göttingen 1930, S. 6f. und jetzt in ›Tristrant und Isalde. Prosaroman‹, hg. von Alois *Brandstetter*, 1966 [ATB, Ergänzungsreihe. 3], S. Xff.). Als ›populärer Lesestoff‹, als ›Volksbuch‹ wurde der deutsche ›Tristrant‹ also viel länger gedruckt als der französische Roman.

Auf dem deutschen ›Prosatristan‹ beruhen auch die Bemühungen von Hans Sachs um den Tristanstoff. Er lernte den Roman 1551 in einem Wormser Neudruck kennen und dichtete sogleich fünf Meistergesänge über einzelne Episoden des Stoffes. Dann folgte (1553) die ›Tragedia mit 23 personen, von der strengen lieb herr Tristrant mit der schönen königin Isalden‹. Hans Sachs war damit der erste dramatische Bearbeiter des Tristanstoffes, dessen künstlerische Bewältigung ihm jedoch nicht gelungen ist. Einige Wochen nach der Vollendung der ›Tragedia‹ verfaßte Hans Sachs noch ein sechstes Meisterlied über den Tristanstoff, und zwar über Tristans Ende. (Vgl. Eli *Sobel*, The Tristan Romance in Hans Sachs' Meisterlieder, in: Middle Ages-Reformation-Volkskunde. Festschrift for John G. Kunstmann [= University of North Carolina Studies in the Germanic Languages and Literatures. 26], 1959, S. 108–117, und dens.: The Tristan Romance in the Meisterlieder of Hans Sachs, 1963.)

Mit dem Hinweis auf Hans Sachs haben wir die Geschichte der mittelalterlichen Tristandichtungen (freilich nur in großen Zügen) bis zu ihrem Ende nachgezeichnet. Als in den letzten Jahrzehnten des 18. Jh.s der Tristanstoff wieder bekannt wurde, griffen auch erneut die Dichter zu ihm, u. a. Karl Immermann. Die meisten dieser Werke sind vergessen, andere kennt nur noch der Literarhistoriker. Richard Wagners ›Tristan und Isolde‹ (erste Konzeption 1854; Uraufführung 1865) muß in einer Darstellung über Gottfried von Straßburg insofern wenigstens genannt werden, als die Ausdeutung, die Wagner mit dem Rechte des Künstlers, für den der Stoff immer nur Rohstoff ist, der Tristan-Isolde-Liebe und namentlich auch dem ›Liebestod‹ gegeben hat, dann auch für die Auffassung der mittelalterlichen Dichtung (und durchaus auch innerhalb der Wissenschaft) bedeutsam geworden ist. Aber Gottfrieds ›Tristan‹ darf nicht von Richard Wagner her gesehen werden, und die adaptierte Wagnersche Sicht verstellt eher den angemessenen Zugang zu Gottfrieds Werk, als daß sie ihn förderte.

ZEITTAFEL

um 1150	Estoire
um 1165	Ältester erhaltener Tristanlai
um 1170 (oder 1150/ 60 oder 1180/90)	Thomas' ›Tristan‹
um 1170 (oder 1185/90)	Eilharts ›Tristrant und Isalde‹

52

um 1190 bzw. nach 1191 (oder schon Jahrzehnte früher?)	Béroul
um 1210	Gottfrieds ›Tristan‹
etwa 1225–1235	Erste Fassung des französischen ›Prosatristan‹
1226	Tristramssaga
etwa 1230–1235	Ulrichs von Türheim Fortsetzung von Gottfrieds ›Tristan‹
um 1290	Heinrichs von Freiberg Fortsetzung von Gottfrieds ›Tristan‹
um 1300	›La Tavola ritonda‹; ›Sir Tristrem‹
2. Hälfte des 14. Jh.s	Tschechisches ›Tristram‹-Epos
1484	Erster Druck des deutschen ›Prosatristan‹
1553	Hans Sachsens ›Tragedia‹

Literatur:

(Stoffgeschichtliche und komparatistische Arbeiten)

Richard *Heinzel*: Gottfrieds von Straßburg ›Tristan‹ und seine Quelle, in: ZfdA 14, 1869, S. 272–447.

Wolfgang *Golther*: Die Sage von Tristan und Isolde. Studie über ihre Entstehung und Entwicklung im Mittelalter, 1887.

Ders.: Tristan und Isolde in den Dichtungen des Mittelalters und der neuen Zeit, 1907.

Ders.: Tristan und Isolde in der französischen und deutschen Dichtung des Mittelalters und der Neuzeit, 1929 (= Stoff- und Motivgeschichte der deutschen Literatur, Bd. 2).

Adolphe *Bossert*: La légende chevaleresque de Tristan et Iseult. Essai de littérature comparée, 1902.

Joseph *Bédier*: Le roman de Tristan par Thomas, poème du XIIᵉ siècle. Tome premier: texte, 1902; tome second: introduction, 1905.

Jakob *Kelemina*: Untersuchungen zur Tristansage, 1910.

Ders.: Geschichte der Tristansage nach den Dichtungen des Mittelalters, 1923.

Gertrude *Schoepperle*: Tristan and Isolt. A Study of the Sources of the Romance, 2 Bde, 1913; ²1960, expanded by a bibliography and critical essay on Tristan scholarship since 1912 by Roger Sherman *Loomis*.

Friedrich *Ranke*: Tristan und Isold, 1925.

Eugène *Vinaver*: The Love Potion in the Primitive Tristan Romance, in: Medieval Studies in Memory of Gertrude Schoepperle Loomis, 1927, S. 75–86.

Erna *Brand*: Tristan-Studien. Zur Art und inneren Entwicklung der mittelalterlichen Tristan-Dichtung, Diss. Göttingen, 1929.

Jan *van Dam*: Tristanprobleme, in: Neophil. 15, 1930, S. 18–34, 88–105, 183–201.

Arthur *Witte*: Der Aufbau der ältesten Tristandichtungen, in: ZfdA 70, 1933, S. 161–195.

Heinz *Stolte*: Drachenkampf und Liebestrank (Zur Geschichte der Tristandichtung), in: DVjs. 18, 1940, S. 250–261.

Annemarie *Schwander*: Das Fortleben des spätantiken Romans in der mittelalterlichen Epik (Untersuchungen zu Gottfrieds ›Tristan‹), Diss. Frankfurt a. M., 1944 [Masch.-Schr.].

Maria *Bindschedler*: Tristan und Isold, in: Freundesgabe für Eduard Korrodi zum 60. Geburtstag, o. J. [1945], S. 181–189.

Bodo *Mergell*: Tristan und Isolde. Ursprung und Entwicklung der Tristansage des Mittelalters, 1949.

Camillo *Guerrieri Crocetti*: La leggenda di Tristano nei più antichi poemi francesi, 1950.

Bruno *Panvini*: La leggenda di Tristano e Isotta. Studio critico, 1951.

Rachel *Bromwich*: Some Remarks on the Celtic Sources of ›Tristan‹, in: THSC 1953, S. 32–60.

Pierre *le Gentil*: La légende de Tristan vue par Béroul et Thomas. Essai d'interprétation, in: Romance Philology 7, 1953/54, S. 111–129; in deutscher Übersetzung wieder abgedruckt u. d. T.: Die Tristansage in der Darstellung von Berol und von Thomas. Versuch einer Interpretation, in: Der Arthurische Roman, hg. von Kurt Wais (= WdF, Bd. 157), 1970, S. 134–164.

P. *Jonin*: Les personnages féminins dans les romans français de Tristan au XIIᵉ siècle. Étude des influences contemporaines, 1958. [Dazu Bartina H. *Wind*: Les versions françaises du ›Tristan‹ et les influences contemporaines, in: Neophil. 45, 1961, S. 278–286.]

Louis L. *Hammerich*: Rationalismus und Irrationalismus im Tristan-Roman. Beobachtungen zur Vorgeschichte, in: Mitteilungen Universitätsbund Marburg, 1959, S. 4–15.

Ders.: Tristan og Isolde før Gottfried af Strassburg, 1960.

Anthime *Fourrier*: Le courant réaliste dans le roman courtois en France au moyen-âge. I: Les débuts (XIIᵉ siècle), 1960.

Maurice *Delbouille*: Le premier ›Roman de Tristan‹, in: CCM 5, 1962, S. 273–286 und S. 419–435.

Hendricus *Sparnaay*: Der junge König Marke, in: Festgabe für L. L. Hammerich, 1962, S. 281–289.

Wolfgang *Spiewok*: Zur Tristan-Rezeption in der mittelalterlichen deutschen Literatur, in: WZGreifswald 12, 1963, S. 147–155.

Jean *Frappier*: Structure et sens du ›Tristan‹: version commune, version courtoise, in: CCM 6, 1963, S. 255–280 und S. 441–454.

Sigmund *Eisner*: The Tristan Legend. A Study in Sources, 1969.

Renée L. *Curtis*: Tristan Studies, 1969.

Wolfgang *Hierse*: Das Ausschneiden der Drachenzunge und der Roman von Tristan, Diss. Tübingen, 1969.

Manfred *Zips*: Tristan und die Ebersymbolik, in: Beitr. 94 (Tüb.), 1972, S. 134–152.

Joan M. *Ferrante*: The Conflict of Love and Honor. The Medieval Tristan Legend in France, Germany and Italy, 1973.

Dies.: Artist Figures in the Tristan Stories, in: Tristania 5, 1979, S. 25–35.

Ernst Erich *Metzner*: Wandalen im angelsächsischen Bereich? Gormundus rex Africanorum und die gens Hestingorum. Zur Geschichte und Geschichtlichkeit des Gormund-Isembard-Stoffs in England, Frankreich, Deutschland, in: Beitr. 95 (Tüb.), 1973, S. 219–271.

Ann *Trindade*: The Enemies of Tristan, in: Med. Aev. 43, 1974, S. 6–21.

Wolfgang *Mohr*: Tristan und Isolde, in: GRM 57, 1976, S. 54–83.

C. *Cahné*: Le philtre et le venin dans ›Tristan et Iseut‹, 1975.

Hugo *Kuhn*: Bemerkungen zur Rezeption des ›Tristan‹ im deutschen Mittelalter. Ein Beitrag zur Rezeptionsdiskussion, in: Wissen aus Erfahrungen. Werkbegriff und Interpretationen heute. Festschrift für Herman Meyer zum 65. Geburtstag, 1976, S. 53–63; wieder abgedruckt in: H. K., Liebe und Gesellschaft (= Kleine Schriften, Bd. 3), 1980, S. 36–43, dazu Anmerkungen S. 180–181.

Sylvia K. *Harris*: The Cave of Lovers in the ›Tristramssaga‹ and related Tristan Romances, in: Romania 98, 1977, S. 306–330 und S. 460–500.

Donald L. *Hoffman*: Cult and Culture: »Courtly Love« in the Cave and the Forest, in: Tristania 4, 1978, S. 15–34.

Silveria *Konecny*: Die Eheformen in den Tristanromanen des Mittelalters, in: Beitr. 99 (Halle), 1978, S. 182–215.

Fritz Peter *Knapp*: Der Selbstmord in der abendländischen Epik des Hochmittelalters, 1979 (darin S. 223–253: Isoldes Liebestod – Herkunft und Wirkungsgeschichte).

Herbert *Kolb*: Ars venandi im ›Tristan‹, in: Medium Aevum deutsch. Beiträge zur Literatur des hohen und späten Mittelalters. Festschrift für Kurt Ruh zum 65. Geburtstag, 1979, S. 175–197.

Zu orientalischen Quellen des ›Tristan‹:

Rudolf *Zenker*: Die Tristansage und das persische Epos von Wîs und Râmîn, in: Romanische Forschungen 29, 1911, S. 321–369.

Ders.: Zum Ursprung der Tristansage, in: ZfrPh 35, 1911, S. 715–731.

Samuel *Singer*: Arabische und europäische Poesie im Mittelalter, 1918 (= Abh. d. Preuß. Akad. d. Wiss., phil.-hist. Kl., Nr. 13).

Franz Rolf *Schröder*: Die Tristansage und das persische Epos ›Wîs und Râmîn‹, in: GRM 42, 1961, S. 1–44.

Walter *Haug*: Die Tristansage und das persische Epos ›Wîs und Râmîn‹, in: GRM 54, 1973, S. 404–423.

Pierre *Gallais*: Genèse du roman occidental. Essais sur Tristan et Iseut et son modèle persan, 1974.

Alev *Tekinay*: Materialien zum vergleichenden Studium von Erzählmotiven in der deutschen Dichtung des Mittelalters und den Literaturen des Orients, 1980 (= Europäische Hochschulschriften. Reihe I, Bd. 344) (über den ›Tristan‹ S. 76–107).

Zu bildlichen Darstellungen aus dem ›Tristan‹:

Jürgen *Ricklefs*: Der Tristanroman der niedersächsischen und mitteldeutschen Tristanteppiche, in: NdJb. 86, 1963, S. 33–48.
Doris *Fouquet*: Wort und Bild in der mittelalterlichen Tristantradition. Der älteste Tristanteppich von Kloster Wienhausen und die textile Tristanüberlieferung des Mittelalters, 1971 (= PhStQ, H. 62).
Dies.: Die Baumgartenszene des ›Tristan‹ in der mittelalterlichen Kunst und Literatur, in: ZfdPh 92, 1973, S. 360–370.
Hella *Frühmorgen-Voss*: Tristan und Isolde in mittelalterlichen Bildzeugnissen, in: DVjs. 47, 1973, S. 378–389; wieder abgedruckt in: H. F.-V., Text und Illustration im Mittelalter. Aufsätze zu den Wechselbeziehungen zwischen Literatur und bildender Kunst, hg. und eingeleitet von Norbert H. Ott (= MTU, Bd. 50), 1975, S. 119–139.
Norbert H. *Ott*: Katalog der Tristan-Bildzeugnisse, in: Hella *Frühmorgen-Voss*: Text und Illustration im Mittelalter. […], hg. und eingeleitet von N. H. Ott, 1975, S. 140–171.

Zum Verhältnis Thomas–Gottfried:

Félix *Piquet*: L'originalité de Gottfried de Strasbourg dans son poème de ›Tristan et Isolde‹, 1905.
Aaltje *Dijksterhuis*: Thomas und Gottfried. Ihre konstruktiven Sprachformen, 1935.
Magda *Heimerle*: Gottfried und Thomas. Ein Vergleich, 1942, unveränderter Nachdruck 1974.
Samuel *Singer*: Thomas von Britannien und Gottfried von Straßburg, in: Festschrift für Edouard Tièche zum 70. Geburtstage, 1947, S. 87–101.
Peter *Wapnewski*: Tristans Abschied. Ein Vergleich der Dichtung Gotfrits von Straßburg mit ihrer Vorlage Thomas, in: Festschrift für Jost Trier zum 70. Geburtstag, 1964, S. 335–363.
Michel *Huby*: L'adaptation des Romans courtois en Allemagne au XIIe et au XIIIe siècle, 1968 (insbesondere S. 442ff.). [Dazu die grundsätzliche Kritik von Alois *Wolf*: Die »adaptation courtoise«. Kritische Anmerkungen zu einem neuen Dogma, in: GRM 58, 1977, S. 257–283.]

Zum Verhältnis Gottfrieds zu Eilhart:

Johannes *Gombert*: Eilhart von Oberg und Gottfried von Straßburg. Beitrag zur Tristanforschung, Diss. Amsterdam, 1927.
Félix *Piquet*: Le problème Eilhart – Gottfried, in: RG 20, 1929, S. 119–132 und S. 242–254.
Heinz *Stolte*: Eilhart und Gottfried. Studie über Motivreim und Aufbaustil, 1941.
Jan-Peter *Beckmann*: Die Tristanromane Eilharts von Oberge und Gottfrieds von Straßburg. Eine Gegenüberstellung, Mag.-Arbeit Universität Stellenbosch, 1962.
Gerhard *Schindele*: Tristan. Metamorphose und Tradition, 1971.

Der ›Tristan‹ im Umkreis der Artusepik:

Roger Sherman *Loomis* (Herausgeber): Arthurian Literature in the Middle Ages, 1959. Insbesondere kommen die folgenden Beiträge in Frage: Helaine *Newstead*: The Origin and Growth of the Tristan Legend, S. 122–133; Frederick *Whitehead*: The Early Tristan Poems, S. 134–144; W. T. H. *Jackson*: Gottfried von Straßburg, S. 145–156; Eugène *Vinaver*: The Prose Tristan, S. 339–347.

Karl Otto *Brogsitter*: Artusepik, 1965, ²1971 (= SM. 38) [3. Aufl. in Vorb.].

IV. Kapitel

FORSCHUNGSGESCHICHTE, FORSCHUNGSSTAND,
FORSCHUNGSAUFGABEN

Der forschungsgeschichtliche Überblick im ›Tristan‹-Buche Gottfried
Webers (»Die Entwicklung der Gottfried-Forschung und die gegenwärtige
Fragestellung«, Bd. I, S. 9–31, dazu »Exkurs I: Zur Forschungsgeschichte«, Bd. II, S. 7–46) sichtet die Forschung im Hinblick auf ihren
Beitrag zur inneren Wesenserkenntnis des Gottfriedschen Werkes. Insofern
überschneidet sich die hier folgende Zusammenfassung, die nicht auf diesen
einen – für die gegenwärtige Gottfried-Forschung freilich besonders wichtigen – Gesichtspunkt abgestellt ist, nicht mit dem dort Ausgeführten,
sondern beide Darstellungen ergänzen einander.

Die Kenntnis des Tristanstoffes erhielt sich durch den zum
Volksbuch gewordenen und auf Eilharts Dichtung zurückgehen-
den spätmittelalterlichen ›Prosatristan‹ weit in die Neuzeit hinein.
Ein ähnliches Nachleben und Nachwirken war Gottfrieds ›Tristan‹
nicht beschieden. Immerhin verdient es vermerkt zu werden, daß
noch im Jahre 1722 in Hamburg eine Handschrift des Gottfriedschen Romans abgeschrieben wurde. 1785 veröffentlichte dann
Christoph Heinrich *Myller* oder *Müller* (1740–1807) im zweiten
Bande seiner ›Sammlung deutscher Gedichte aus dem XII., XIII.
und XIV. Jahrhundert‹ zum erstenmal Gottfrieds ›Tristan‹ (dazu
auch die Fortsetzung Heinrichs von Freiberg), und zwar nach der
Handschrift F. Man darf die Wirkung der ersten Ausgaben mittelhochdeutscher Dichtungen nicht überschätzen: Sie mußte schon
wegen der sprachlichen Schwierigkeiten auf kleine Kreise
beschränkt bleiben, um so mehr, als die notwendigen Hilfsmittel
zu ihrer Erschließung fehlten, die für den ›Tristan‹ erst die zweite
Ausgabe, die von Eberhard von *Groote* (1789–1864) im Jahre 1821
(nach der Handschrift H), in Form von Einleitung, Anmerkungen
und Wörterbuch brachte. Übersetzungen des ›Tristan‹ ins Neuhochdeutsche erschienen erst verhältnismäßig spät: 1844 von Hermann *Kurtz (Kurz)* (²1847, ³1877) und 1855 von Karl *Simrock*
(²1875).

Als charakteristisch für das Verständnis von Gottfrieds ›Tristan‹
im 19. Jh. (wobei wir im Rahmen dieser knappen Skizze von
manchen Nuancen absehen müssen) kann das Urteil Karl *Lachmanns* gelten. Karl *Lachmann* (1793–1851), der eigentlich der
Begründer der Älteren Germanistik ist, für die er durch kritische
Textausgaben überhaupt erst die Grundlagen schuf, die er aber
auch durch eine Reihe wichtiger Abhandlungen entscheidend förderte, hat nie einen rechten Zugang zum ›Tristan‹ gewonnen. Zwar

erkennt er Gottfrieds »gehaltene, verständig geschmückte Darstellungsweise« an, aber »anderes als Üppigkeit oder Gotteslästerung boten die Hauptteile seiner weichlichen, unsittlichen Erzählung nicht dar« (›Auswahl aus den hochdeutschen Dichtern des dreizehnten Jahrhunderts‹, 1820, wieder abgedruckt in den ›Kleineren Schriften zur Deutschen Philologie‹, 1876, Nachdruck 1969; das Zitat S. 159). In *Lachmanns* Äußerung sind bereits deutlich jene beiden Wertungen enthalten, die für die Auffassung von Gottfrieds ›Tristan‹ bestimmend waren: einerseits die Hochschätzung und das Lob von Gottfrieds Kunst, der ästhetischen Seite seines Werkes, andererseits die Abwertung im Gehaltlichen aufgrund der vermeintlichen Unsittlichkeit, die Verwerfung der ethischen Seite.

Gegen den Vorwurf der Unsittlichkeit des ›Tristan‹ hat schon 1809 Bernhard Joseph *Docen* (1782–1828) im ›Museum für altdeutsche Litteratur und Kunst‹ Gottfried verteidigt. Aber für die Wertung des ›Tristan‹ im 19. Jh. ist eben nicht seine, sondern die von *Lachmann* geäußerte Ansicht maßgebend geworden.

Zeittypisch ist etwa das Urteil, das Georg Gottfried *Gervinus* (1805–1871) in seiner ›Geschichte der deutschen Dichtung‹ über den ›Tristan‹ fällt, den er verhältnismäßig ausführlich behandelt. *Gervinus* spricht sich sehr lobend über Gottfrieds Kunst aus, z. B.: »So steht Gottfried in seinem ganzen dichterischen Vortrage weit von der Unbeholfenheit in der Darstellung fast aller Dichter dieser Zeiten ab durch die beneidenswerte Leichtigkeit, mit der er seine Verse ineinanderschlingt und mit seinen künstlich und kühn zugleich gebauten Perioden das Eintönige der üblichen kurzen Reimpaare fast vertilgt, durch den ungehemmten Fluß der Gedanken, der ihm in einer Fülle entströmt, die den ängstlichen Zwang wie erkünstelten Schwung der gewöhnlichen Ritterpoeten gleichmäßig ganz ausschließt« (I. Bd, ^{5}1871, S. 617). Von der Darstellung des Schmerzes Blancheflurs über Riwalins Tod sagt *Gervinus*, daß sie ihresgleichen in der mittelaltrigen Poesie nicht habe (S. 619), etwas später ist von Gottfrieds »unvergleichlicher Dichtergabe« die Rede (S. 626) usw. Aber auf einmal liest man: »Was von nun an [im ›Tristan‹] folgt, ist nicht geeignet, etwas anderes als unseren Abscheu zu wecken [...]« (S. 629). Und das zusammenfassende Urteil von *Gervinus* lautet: »Sollen wir zum Schlusse ein Urteil über Gottfrieds Tristan beifügen, so wüßten wir kein anderes über dieses Gedicht als Dante über solche Gefühle: man muß verdammen, aber bewundern und bedauern« (S. 633). – Ähnlich wie *Gervinus* urteilt über den ›Tristan‹ Karl *Goedeke* (1814–1887). Auch bei ihm begegnet die Hochschätzung von Gottfrieds Kunst.

»Aber alle diese Künste sind einem Stoffe gewidmet, der unsittlich ist, und je verführerischer und verlockender derselbe vom Dichter ausgebildet wurde, nur um so mehr die ethische Natur des Dichters herabdrückt« (Grundriß zur Geschichte der deutschen Dichtung, I. Bd, ²1884, S. 99). Wie eine solche Auffassung das Wesen von Gottfrieds Dichtung verfehlt, ist längst erkannt.

Zu den wissenschaftsgeschichtlich gleichfalls sehr aufschlußreichen ›Tristan‹-Deutungen Richard *Heinzels*, Wilhelm *Scherers* und Wilhelm *Diltheys* vgl. G. *Weber*, Bd. I, S. 10f., S. 16; Bd. II, S. 7ff., S. 12.

Wir haben bis jetzt Urteile der Literaturgeschichtsschreibung des 19. Jh.s über Gottfrieds Roman angeführt. Die eigentliche Tristanforschung des 19. Jh.s, wie sie sich noch weit in das 20. Jh. hineinzieht, ist in doppelter Weise gekennzeichnet. Sie ist einmal Stoffgeschichte. (Vgl. dazu den sehr detaillierten, aber nicht eben übersichtlichen ›Forschungsbericht‹ von Beatrice Margaretha *Langmeier*, 1978.) Die Gottfriedforschung erscheint hier als Teil der Forschung über den Tristanstoff. Die spezifische Fragestellung, die ihr verblieb, war die nach dem Verhältnis Gottfrieds zu seiner Quelle. In der vergleichend-stoffgeschichtlichen Betrachtung ist übrigens schon 1804 Walter *Scott* (1771–1832) in der Einleitung zu seiner Ausgabe des ›Sir Tristrem‹ vorangegangen, wobei er allerdings grundlegenden sachlichen Irrtümern verfallen ist, die dann in den 1820er und 1830er Jahren aufgeklärt und berichtigt wurden. Sehr viel weiter ist 1812 Jacob *Grimm* (1785–1863) in einer Besprechung des 1809 von *Büsching* und *von der Hagen* herausgegebenen ›Buches der Liebe‹ in der ›Leipziger Litteratur-Zeitung‹ gekommen, die ohne Nennung seines Namens erschien (wieder abgedruckt in seinen ›Kleineren Schriften‹, Bd. 6, 1882, S. 84–100). Hier finden sich bereits fundamentale Einsichten über das Verhältnis der Tristandichtungen zueinander. – Zum anderen ist die Tristanforschung des 19. Jh.s, soweit sie Gottfriedforschung ist, die im wesentlichen beschreibende Behandlung der Kunstmittel Gottfrieds, seines Stils, seiner Technik usw. Auf diese letzteren Arbeiten einzugehen, liegt im Rahmen unseres knappen Überblicks kein Anlaß vor. Wohl aber verdient die zuerst genannte Forschungsrichtung eine etwas eingehendere Darstellung, weil ihre Betrachtungsweise, Fragestellungen und Lösungsversuche die internationale Tristanforschung jahrzehntelang beherrscht haben – die *internationale* Tristanforschung, denn so wie die Geschichte des Tristanstoffes weit über den deutschen Sprachraum hinausreicht und in gleicher Weise vor allem Teil der französischen und der deutschen Dichtungsgeschichte ist, so wurde die Tristanforschung namentlich von französischen (vgl. Heinz *Küpper*, RG 26, 1935; 27, 1936) und von deutschen Forschern getragen. Erst als sich die Betrachtungsart des dichterischen Kunstwerkes grundsätzlich gewandelt und von der stofflich-motivisch-genetischen Fragestellung gelöst hatte, als man zur ganzheitlichen Auffassung des Werkes in seiner Gegebenheit übergegangen war und in ihm nicht mehr nur ein Glied in einer langen Reihe von Stoffgestaltungen sah, wurde der Anteil der französischen Germanisten an der Tristanforschung, soweit sie Gottfriedforschung ist, gering, und zwar in überraschend starkem Maße. Genau betrachtet, versiegte die französische Gottfriedforschung sogar bereits weithin, während die Tristanforschung noch stoffgeschichtlich orientiert und interessiert war.

Drei Hauptfragen dürften es sein, auf die sich die Tristanforschung in ihrer stoffgeschichtlichen Phase konzentrierte. Die – nicht zeitlich, wohl aber im sachlichen Sinne – erste Frage mußte die nach der Vorgeschichte und damit auch nach dem (geographischen) Ursprung der Tristansage sein. Lange Zeit standen sich zwei Theorien gegenüber: einmal die anglonormannische oder englische, zum anderen die armorikanische[1] oder französische. Die Frage nach dem Ursprung der Tristansage hängt aufs engste mit dem Begriff der matière de Bretagne zusammen. Während nach der Ansicht der Vertreter der armorikanischen Theorie unter ›Bretagne‹ hier die französische Landschaft dieses Namens zu verstehen ist, fassen die Anhänger der anglonormannischen Theorie ›Bretagne‹ als Großbritannien auf.

Die anglonormannische oder englische Hypothese wurde 1888 von Gaston *Paris* (1839–1903) begründet (»Romans en vers du cycle de la Table Ronde« in der ›Histoire littéraire de la France‹, Bd. 30) und im Laufe der nächsten Jahre von verschiedenen Seiten weiter ausgebaut. Der Ursprung der Tristansage ist nach dieser Auffassung keltisch, genauer: inselkeltisch. Zum Beweise führt man inselkeltische Personen- und Ortsnamen an sowie Motive und manche Einzelheiten, die sichtlich keltisch – oder doch keltisch beeinflußt – sind. Auch das Grundproblem, die Tristan-Isolde-Liebe, ist nach dieser These keltischen Ursprungs. Die Entstehung der Sage nimmt man gern in Wales oder auch in Cornwall an, von wo der Stoff dann den Anglonormannen zugekommen sei. Die Anglonormannen hätten die matière de Bretagne weiter ausgestaltet, und erst von ihnen hätten sie dann

---

[1] Der kelto-lateinische Name ›Armorica‹ (< kelt. armor, ›Land am Meer‹) bezeichnet, streng genommen, nicht nur die Bretagne, sondern das gesamte Küstengebiet zwischen Seine und Loire. Lateinische Schriftsteller sprechen von der Bretagne als ›Britannia minor‹ im Unterschied zum Mutterland ihrer Besiedler, der ›Britannia maior‹.

die Franzosen übernommen. Nach einer Variante dieser These haben sie die Franzosen jedoch möglicherweise unmittelbar durch die Waliser kennengelernt. Die armorikanische oder französische Theorie geht auf den deutschen Romanisten Wendelin *Foerster* (1844–1915) zurück (Christian von Troyes ›Erec und Enide‹, 1890, Einleitung). Joseph *Bédier* war einer ihrer Hauptvertreter. Die Tristansage ist danach kontinentalen, und zwar wesentlich französischen, Ursprungs, eine Meinung, die auch Wolfgang *Golther* vertreten hat. Zur Stützung dieser These verweist man darauf, daß eine große Zahl der Personennamen aus der Bretagne stammt. Die Motive hält man entweder für französisch oder macht geltend, daß sie bei vielen Völkern bekannt sind, daß von ihnen auf keinen spezifisch keltischen Ursprung der Sage geschlossen werden könne. Daß der Tristanstoff Motive keltischer Herkunft aufweist, geben auch die Vertreter dieser Theorie zu. Doch erklärt man ihre Zahl für beschränkt und ihre Bedeutung für peripher. Die Tristansage ist nach dieser Auffassung Ausdruck französischen Geistes, das zentrale Motiv die Schöpfung eines französischen Dichters. Chrétien de Troyes sei der erste gewesen, der die matière de Bretagne zu Dichtungen verwandte. Die Stoffe der matière de Bretagne – nicht inselkeltischen, sondern bretonischen Ursprungs – seien von der Bretagne nach England gelangt, und hier in England hätten die Bretonen, die im Gefolge der Normannen nach England kamen, die verhältnismäßig kleine Anzahl keltischer Motive und Elemente in die Tristansage eingeführt. Die keltischen Züge des Tristanstoffes gehen danach auf die conteurs bretons zurück, doch ist England der Ort ihrer Übernahme. »Sans la conquête de l'Angleterre [par les Normands], c'est-à-dire sans la mise en contact de ces jongleurs armoricains avec leurs congénères gallois, nous n'aurions sans doute pas la légende de Tristan« (*Bédier*, Bd. II, S. 129).

Die spätere Forschung hat die Einseitigkeiten beider Theorien, die man auch vor dem Hintergrund von Keltophilie und Keltophobie sehen muß, überwunden und eine vermittelnde Auffassung als die den wirklichen Verhältnissen am ehesten angemessene entwickelt. Daß die Tristansage in ihrem Kern keltisch ist, wird heute von der Mehrzahl der Forscher angenommen (vgl. jedoch oben, S. 33 ff.); aber daß französische Dichter an ihrer Ausformung entscheidenden Anteil hatten, wo immer der Ursprung der Tristansage zu suchen sein mag, ist gewiß.

Die zweite Hauptfrage der stoffgeschichtlichen Phase der Tristanforschung, die mit der vorigen Frage vielfach verbunden ist, war die nach der ›Lebensform‹, der Daseinsweise der ersten Tristandichtungen. Sind die uns erhaltenen frühen Fassungen entstanden durch die Addition von Einzelliedern (Liedertheorie), oder gehen sie auf die einmalige schöpferische Leistung *eines* Dichters zurück (Archetypus, poème primitif, Urtristan)? Jahrzehntelang stand die Tristanforschung im Banne der Liedertheorie. In den erhaltenen Fassungen sah man nichts anderes als die Summierung ursprünglich selbständiger Einzellieder. Vorbild für diese Annahme war die zuerst (1795) von Friedrich August *Wolf* an Homers Epen und dann von Karl *Lachmann* (1816) am Nibelungenlied entwickelte Auffassung vom Werden des Epos, die auch in die französische Wissenschaft Eingang gefunden hatte. Zum Verständnis der Tatsache, daß die Liedertheorie auch die Tristanforschung beherrschen konnte, muß man daran erinnern, daß die Dichtungen Bérouls, Eilharts (soweit es sich um die Kenntnis der originalen Dichtung handelt) und Thomas' nur in Bruchstücken auf uns gekommen sind und daß die ersten Ausgaben ganz unzureichend waren. Eilharts Dichtung von ›Tristrant und Isalde‹ wurde als Ganzes überhaupt erst 1877 ediert, und auch dann noch in einer wenig befriedigenden Ausgabe. Der Hauptvertreter der Liedertheorie war der österreichische Germanist Richard *Heinzel* (1838–1905). Ein zentrales Ergebnis seiner Untersuchung (ZfdA 14, 1869) ist: »Von Tristans und Isoldens wechselvollen Schicksalen am Hofe König Markes muß man um die Mitte des [12.] Jahrhunderts mindestens zwölf Darstellungen gekannt haben, deren keine diese ganze Periode umfaßte, sondern sich ablösend oder auch sich kreuzend behandelten sie einzelne Abschnitte der Sage, die jedem, der von den großen Zügen Kenntnis hatte, verständlich sein mußten« (S. 298). Diese zwölf Dichtungen habe Béroul vereinigt. Vermeintliche oder auch tatsächliche Widersprüche und stilistische Eigentümlichkeiten liefern *Heinzel* die Kriterien zur Stützung dieser These. (Zu den einzelnen von ihm angenommenen Dichtungen vgl. S. 298ff.) Ebenso irrig wie diese Auffassung ist *Heinzels* Beurteilung von Gottfrieds Quellen. Nach *Heinzel* ist Thomas von Britannien nicht Gottfrieds unmittelbare Quelle gewesen (S. 274). Er behauptet, daß Thomas seine Dichtung erst bei der Ankunft Tristans in der Bretagne begonnen habe, so daß er auch »nur zum kleinen Teil direkt auf Stoff und Darstellung des Gottfriedischen Werkes eingewirkt haben« kann (S. 377). *Heinzel* erklärt, daß Gottfried zwei Bücher als Quellen vorgelegen haben (S. 275): ein Geschichtsbuch des Thomas, in dem er einen englischen oder bretonischen Chronisten sieht (S. 272), und ein französischer Tristanroman, der auf der Vereinigung isolierter Dichtungen verschiedener Autoren beruhe. Wenn auch *Heinzels* Ansichten im einzelnen kaum Zustimmung gefunden haben, so trug seine Anschauung doch wesentlich zur Stützung der Liedertheorie bei. Die richtige Beurteilung des Verhältnisses von Gottfried und Thomas war bereits vor *Heinzel* durch Adolphe *Bossert* (1832–1922) angebahnt worden (Tristan et Iseult, poème de Gotfrid de Strasbourg, comparé à d'autres poèmes sur le même sujet,

1865). Aufgrund eines Vergleiches der Verse 19478ff. in Gottfrieds ›Tristan‹ mit den entsprechenden in einem der Fragmente des Thomasschen Romans konnte er nachweisen, daß Thomas Gottfrieds Vorlage ist, zumindest in der verglichenen Partie. Die Übereinstimmungen zwischen den beiden Dichtungen erklärte *Bossert* aus der Identität des Thomas von Britannien, den Gottfried nennt, mit dem gleichnamigen Verfasser des Tristanromans. Ohne Nachweis war diese Meinung übrigens gelegentlich auch schon vorher geäußert worden. Einen großen Schritt vorwärts und zugleich den Todesstoß für *Heinzels* Thesen bedeutete es, als 1878 Eugen *Kölbing* (1846–1899) die norwegische ›Tristramssaga‹ veröffentlichte, der er 1882 die Edition des ›Sir Tristrem‹ folgen ließ. Das Jahr 1878 ist ohne Zweifel eines der entscheidenden Jahre in der Tristanforschung (und auch in der Gottfriedforschung im engeren Sinne). *Kölbing* konnte in den Einleitungen zu seinen Ausgaben unwiderlegbar dartun, daß die norwegische Saga und der englische ›Sir Tristrem‹ auf ein und dieselbe Dichtung zurückgehen – eben die des Thomas –; daraus folgt, daß Thomas den gesamten Tristanstoff dichterisch behandelt hat und daß er die Quelle von Gottfried ist. Namentlich aufgrund des jetzt vorliegenden Textes der ›Tristramssaga‹ war die Möglichkeit gegeben, die Dichtung des Thomas, zumindest inhaltlich, mit verhältnismäßig großer Sicherheit wiederzugewinnen und so auch Gottfrieds Quellenverhältnis zutreffend zu beurteilen.

Freilich – und damit wenden wir uns vorübergehend der dritten Hauptfrage der stoffgeschichtlichen Phase der Tristanforschung zu, der nach dem Verhältnis Gottfrieds zu seiner unmittelbaren Vorlage –: Wenn Thomas im Ganzen Gottfrieds Quelle ist und der Deutsche, wie der Vergleich mit den erhaltenen Fragmenten des Thomasschen Werkes, aber auch mit der in erster Linie aufgrund der norwegischen Saga erschließbaren französischen Dichtung überhaupt zeigt, dieser seiner Vorlage stofflich-motivisch-handlungsmäßig durchaus und bis hin zu Einzelheiten gefolgt ist, mußte dann Gottfried nicht in der Rolle des bloßen Übersetzers erscheinen, dem man den Namen eines Dichters verweigern müßte? Tatsächlich hat es nicht an solchen Beurteilungen gefehlt. Besonders weit getrieben hat diese Ansicht J. *Firmery* (Notes critiques sur quelques traductions allemandes de poèmes français au moyen âge, 1901). Aber auch bei deutschen Gelehrten begegnen Urteile, die zum mindesten mißverständlich sind. So nannte Wolfgang *Golther* 1887 Gottfried wie Hartmann Vertreter der strengen Übersetzerschule im Gegensatz zu Wolfram (Die Sage von Tristan und Isolde, S. 95), wenngleich er andererseits von der genialen

Veranlagung Gottfrieds (S. 96) und von Gottfrieds Genialität
(S. 97) spricht. (1907 allerdings urteilt *Golther* ganz anders: »Von
einer bloßen Übersetzung kann [...] keine Rede sein, sondern von
einer mehr oder weniger freien Bearbeitung«, Tristan und Isolde
[...], S. 170, wörtlich wiederholt in seinem letzten Tristan-Buch
vom Jahre 1929, S. 40.) Und Jakob *Kelemina* meinte noch 1923,
seit Kölbing könne man von Gottfried nicht als einem großen
schöpferischen Geist reden (Geschichte der Tristansage [...],
S. 111): »Gottfrieds Arbeit ist in erster Linie eine Übersetzung«
(ebd.). Noch im Jahre 1947 beginnt Samuel *Singer* einen kleinen
Aufsatz über »Thomas von Britannien und Gottfried von Straßburg« mit den Worten: »Die wenigsten Laien, die sich überhaupt
um mittelalterliche Literatur kümmern, wissen, daß Hartmann von
Aue und Gottfried von Straßburg nur Übersetzer aus dem Französischen gewesen sind« [!] (in der »Festschrift für Edouard Tièche«,
S. 87). Um so wertvoller ist es, daß gerade von seiten der französischen Wissenschaft, die naturgemäß viel stärker als die deutsche
Germanistik geneigt ist, die Abhängigkeit der deutschen Dichtung
des hohen Mittelalters von der französischen zu betonen, die
innere Selbständigkeit Gottfrieds gegenüber seiner Vorlage in einer
eingehenden und sorgfältigen Untersuchung erwiesen worden ist:
Félix *Piquet* konnte Gottfrieds Originalität (wobei der Begriff
›Originalität‹ selbstverständlich nur in einem eingeschränkten, sich
nicht etwa auf Stoffliches beziehenden, aber darum um so tieferen
Sinne gilt) überzeugend darlegen (1905). Er kommt zu dem
Gesamturteil: »Nous nous sommes efforcé de les mettre au jour et
nous croyons, après la minutieuse comparaison du textes que nous
avons entreprise, avoir démontré que l'auteur du ›Tristan‹ allemand
ne mérite pas le nom de traducteur. Les nombreuses preuves
d'originalité qu' il a fournies dans son ouvrage exigent qu' on
l'appelle un imitateur, ou un adaptateur, ou – plus simplement et
plus exactement – un poète« (S. 375). Zur gleichen Zeit schreibt
Bédier: »L'histoire des lettres offre-t-elle un second exemple d'une
telle soumission et d'une telle indépendance?« (Bd. II, S. 79).
Mittlerweile hat sich die innere Eigenständigkeit und Selbständigkeit Gottfrieds in der Gestaltung des ›Tristan‹, der unbestreitbar
den Höhepunkt der europäischen Tristandichtungen des Mittelalters darstellt, zur vollen Evidenz enthüllt.

Von späteren Behandlungen des Verhältnisses von Thomas und Gottfried
verdienen besonders die Untersuchungen von Aaltje *Dijksterhuis* und
Magda *Heimerle* erwähnt zu werden (vgl. das Literaturverzeichnis zum
dritten Kapitel).

Wir wenden uns wieder zur Skizzierung jener Probleme zurück, die wir die zweite Hauptfrage der stoffgeschichtlichen Tristanforschung genannt haben. Die Entwicklung des Tristan-Verständnisses drängte immer mehr auf eine Abkehr von der Liedertheorie. So erkannte man, daß Béroul und Eilhart in einem Grade übereinstimmen, daß die Annahme, sie gingen unabhängig voneinander auf die gleichen, in mündlicher Überlieferung tradierten Lieder zurück, unbehebbare Schwierigkeiten bot. Wohl aber waren die genauen Übereinstimmungen befriedigend erklärt, wenn man für beide eine gemeinsame Quelle annahm. (Die an sich bestehende zweite Möglichkeit, daß Eilhart das Werk des Béroul bearbeitet, ›übersetzt‹ habe – oder umgekehrt –, konnte durch Ernest *Muret* ausgeschaltet werden [Eilhard d'Oberg et sa source française, in: Romania 16, 1887, S. 288–363; auch in späteren Veröffentlichungen].) Ja, *Muret* ging noch einen Schritt weiter und zeigte, daß Béroul, Eilhart und der französische Prosaroman nahe miteinander verwandt sind und einer gemeinsamen Quelle entstammen müssen. *Muret* und *Bédier* haben dann auch erkannt, daß diese drei Versionen gegenüber der Dichtung des Thomas (und damit auch Gottfrieds) eine Gruppe anderer und eigener Art bilden, die man in der deutschen Forschung mit einem 1887 von Wolfgang *Golther* geprägten Ausdruck gewöhnlich ›Spielmannsversion‹ nennt, während die französische Forschung von der *version commune* spricht. *Bédier* stellte aber auch fest, daß nichtsdestoweniger auch Übereinstimmungen zwischen diesen Dichtungen und Thomas bestehen, die ihn dann zu dem Gedanken führten, daß alle Tristanfassungen auf eine gemeinsame Quelle zurückgehen.

Mit Joseph *Bédier* (1864–1937) haben wir den Namen eines Forschers genannt, dessen Verdienste um die Tristanforschung und dessen Bedeutung für sie nicht leicht überschätzt werden können. *Bédier* stellte sich eine doppelte Aufgabe: zum einen die verlorenen Teile der Thomasschen Dichtung wiederherzustellen, zum anderen die gesamte Vorgeschichte der Tristandichtung aufzuhellen. Zur Wiedergewinnung des Thomasschen Romans dienen *Bédier* die fünf Ableitungen aus diesem: die Saga (die für diesen Zweck am wichtigsten ist); Gottfrieds ›Tristan‹; der ›Sir Tristrem‹; die ›Folie Tristan‹ des Manuskriptes Douce; ›La Tavola ritonda‹. Man hat *Bédiers* Verfahren als allzu mechanisch kritisiert und ihm auch entgegengehalten, daß er nicht die Möglichkeit gegenseitiger Beeinflussung der einzelnen Fassungen berücksichtigt habe (so Jakob *Kelemina*). Und sicherlich hat *Bédier* in seiner Rekonstruktion nicht überall das Richtige getroffen. Roger Sherman *Loomis*, der die vergleichende Tristanforschung durch eine große Zahl von

Arbeiten gefördert hat, hat 1923 (²1931, ³1951) einen Text des rekonstruierten Thomasromans in englischer Sprache vorgelegt, der an vielen Stellen von *Bédiers* Text abweicht. – Gegenüber der Liedertheorie, deren wissenschaftsgeschichtliche Stunde vorüber war, glaubt *Bédier,* daß die gesamte Tristanüberlieferung einer einzigen Dichtung entstamme, dem poème primitif oder dem Archetypus, den er mit Hilfe der vorhandenen Dichtungen rekonstruiert. »A la base de toute la tradition poétique conservée de la légende de Tristan, il y a, non pas des compilations semi-cohérentes, mais un poème régulier, composé à une haute époque, dès le début du XIIe siècle, par un homme de génie« (Bd. II, S. 186); »[...] la légende de Tristan est essentiellement la création d'un grand poète; [...] dans l'histoire des légendes, dites populaires, il faut de moins en moins croire à la collaboration instinctive des générations, à l'apport presque inconscient de lignées de conteurs anonymes; de plus en plus à l'action réfléchie, individuelle, de quelques écrivains créateurs« (Bd. II, S.318f.). Keimhaft war dieser Gedanke auch schon vor *Bédier* geäußert worden, und wie sehr er an der Zeit war, zeigt die Tatsache, daß Wolfgang *Golther* (1863 bis 1945) unabhängig von *Bédier* zu der gleichen Auffassung gelangte. *Golther* spricht vom ›Ur-Tristan‹. (Hinsichtlich der Punkte, in denen seine Wiederherstellung des Urtristan von der *Bédiers* abweicht, vgl. ›Tristan und Isolde [...]‹, 1907, S.59ff.) Man muß aber den wissenschaftsgeschichtlichen Rahmen noch weiter spannen, was hier nur angedeutet werden kann, um in vollem Maße zu erkennen, wie zeittypisch die von *Bédier* vollzogene Abkehr von der ›romantischen‹ Liedertheorie ist: In dem gleichen Jahr 1905, in dem seine Arbeit über das poème primitif erschien, veröffentlichte der gerade um ein Jahr jüngere Andreas *Heusler* seine bahnbrechende Schrift ›Lied und Epos in germanischer Sagendichtung‹, mit der die Lachmannsche Liedertheorie für das Nibelungenlied endgültig überwunden wurde. Der methodische Grundsatz und der Leitgedanke *Bédiers* bei der Aufhellung der Vorgeschichte der Tristandichtungen ist die These: »Non sunt entia multiplicanda praeter necessitatem« (Bd. II, S. 173), d.h. er versucht, mit möglichst wenigen stemmatischen Gliedern auszukommen. Das von *Bédier* aufgestellte Stemma (Bd. II, S. 309) bedarf im einzelnen zahlreicher Korrekturen.

Das poème primitif (der Archetypus: X) muß merklich früher als 1154 gedichtet sein, jenem Zeitpunkt, zu welchem der Tristanstoff bereits den Troubadours bekannt war. *Bédier* hält es nicht für ausgeschlossen, daß man die Schöpfung dieses Werkes bis in die erste Zeit nach der Eroberung Englands durch die Normannen hinaufrücken könne (Bd. II, S. 314), und er gibt »spätestens gegen 1120« als konkretes Datum an (Bd. II, S. 155).

Der Grundgedanke *Bédiers*, daß eine einzige Dichtung, der Archetypus, am Anfang aller mittelalterlichen Tristandichtungen stehe, wurde zunächst einhellig anerkannt. Manches freilich blieb umstritten, etwa Ort und Zeit ihrer Entstehung. Auch *Bédiers* Ansichten über den geringen keltischen Anteil an der Ausbildung des Tristanstoffes fand Widerspruch, und 1912 widerlegte der bedeutende französische Keltist Joseph *Loth* (1847–1934) in einer Zusammenfassung mehrerer früherer, bis zum Jahre 1909 zurückreichender Arbeiten *Bédiers* wichtigste Argumente gegen das Vorhandensein einer keltischen Tristansage (›Contributions à l'étude des romans de la Table Ronde‹).

Eine weitere wichtige Etappe in der Tristanforschung bedeutete dann 1913 die umfangreiche Untersuchung ›Tristan and Isolt. A Study of the Sources of the Romance‹ der Deutschamerikanerin Gertrude *Schoepperle* (1882–1921). Wie vorher *Bédiers* Arbeit, mit der sie sich, im ganzen vorsichtig-zurückhaltend, auseinandersetzt, so war auch ihre epochemachend. Zwar nimmt auch *Schoepperle* eine ursprüngliche Dichtung an, aber sie bezweifelt, daß sie der Archetypus ist, von dem die gesamte Tristanüberlieferung abstammt. Die Fortsetzung des Béroul und der französische Prosaroman sind danach unabhängig von dieser Urdichtung, eine Ansicht, die auch Friedrich *Ranke* vertritt (Tristan und Isold, 1925, S. 39).

Gertrude *Schoepperle* hat für die älteste uns erreichbare Tristandichtung, einer Angabe Bérouls (v. 1789) folgend, den Begriff ›Estoire‹ eingeführt. Deren bester Repräsentant ist nach ihrer Auffassung Eilharts ›Tristrant‹ (S. 111). Diese Bezeichnung hat u. a. Wolfgang *Golther* (1929) übernommen, doch bedeutet sie bei ihm etwas anderes als bei *Schoepperle*: die gemeinsame Quelle von Béroul und Eilhart, also *Bédiers* stemmatisches Glied y. *Golther* schreibt diese Dichtung Robert von Reims, genannt li Kievres, zu (S. 1: zwischen 1170 und 1180, S. 28: um 1180). U. a. wird in dem ›Roman de Renart‹ ein Tristandichter namens la Chievre oder la Chèvre erwähnt. Nun kennen wir einen Liederdichter Robert von Reims, der ebenfalls la Chievre genannt wird. *Golther* nimmt deshalb an, daß der Tristandichter und der Liederdichter ein und dieselbe Person sind. Neuerdings hat auch Maurice *Delbouille* dem Trouvère la Chèvre die Verfasserschaft des ersten französischen ›Tristan‹-Romans zugeschrieben.

Schoepperle setzt sich kritisch sowohl mit *Bédiers* Rekonstruktion des poème primitif (S. 72ff.) als auch mit *Golthers* Rekonstruktion des Urtristan (S. 105ff.) auseinander. Der wichtigste Punkt, in dem *Schoepperle Bédiers* Rekonstruktion für verfehlt hält, betrifft die Dauer der Liebestrankwirkung (S. 72): *Bédier* nimmt ewige Dauer an, *Schoepperle* eine zeitlich beschränkte (die dann von Thomas zur unbefristeten Wirkung umgewandelt worden sei).

Nach Béroul ist die Wirkung des Trankes auf drei Jahre beschränkt, Eilhart erzählt von einer Minderung seiner Wirkung nach vier Jahren. Thomas und Gottfried wissen nichts von einer solchen Begrenzung, die der Liebeskonzeption in ihren Romanen völlig widerspricht. *Bédier* ist gerade aufgrund seiner Annahme ewiger Dauer der Wirkung des Liebestrankes in dem Archetypus zu dem Ansatz des vielfach für überflüssig erklärten stemmatischen Gliedes y gekommen: Da Béroul und Eilhart entgegen dem Archetypus die Dauer der Wirkung auf drei bzw. vier Jahre begrenzen, postuliert *Bédier* eine gemeinsame Quelle für beide: eben die Fassung y zwischen dem poème primitif und Béroul/Eilhart.

Angesichts der abweichenden Angaben über die Dauer der Trankwirkung in den beiden Hauptversionen des Tristanstoffes ist die Antwort auf die Frage, welche Vorstellung in ihrer gemeinsamen Grundlage, der Estoire, geherrscht habe, schwierig. Für die Annahme unbegrenzter Dauer spricht die Überlegung, daß die zeitliche Beschränkung der Wirkung des Liebestrankes nicht in der Absicht der älteren Isolde gelegen haben kann. Doch dagegen läßt sich einwenden, daß die Befristung der Wirkung eine wichtige pragmatische Funktion hat, ja einer pragmatischen Notwendigkeit entspringt: sie ist unumgänglich, wenn die Liebenden für längere Zeit getrennt leben müssen und es eben der Trank war, der ihre Liebe überhaupt hervorrief – und der sie dann auch fortbestehen läßt, so wie Eilhart es darstellt. Insofern ist die Limitierung der Trankwirkung in der Estoire wahrscheinlicher als die umgekehrte Hypothese.

Auch *Bédiers* Zeitansatz der ursprünglichen Dichtung weist *Schoepperle* zurück. *Bédier* hat das poème primitif in den Anfang des 12. Jh.s gesetzt. Nach *Schoepperles* Meinung ist ein derart frühes Datum unmöglich (S. 118). Aus der Tatsache, daß Bernart von Ventadour in einem gern 1154 entstanden gedachten Lied auf Tristan und Isolde anspielt, haben *Bédier* und *Golther* einen Terminus ante quem für die Entstehung des Urtristan gewonnen. Dagegen macht *Schoepperle* geltend, daß einerseits die Datierung des Liedes nicht gesichert sei und daß andererseits nicht bestimmt werden könne, auf welche Tristandichtung Bernart von Ventadour sich beziehe, ob auf die Estoire oder eine andere. Zudem spiegelt die Estoire nach *Schoepperle* Verhältnisse wider, die in die zweite Hälfte des 12. Jh.s gehören (vgl. das Kapitel »Courtly Elements in the Estoire«, S. 120ff.). *Schoepperle* glaubt, die Estoire sei kaum vor den ersten wirklich überlieferten Fassungen in den letzten Jahrzehnten des 12. Jh.s entstanden (S. 183). Diese späte Datierung hat vielfachen Widerspruch gefunden und ist, soweit sie überhaupt angenommen worden ist, heute wohl allgemein aufgegeben. Auch mit der These *Bédiers* von dem geringen Anteil der Kelten an der Ausbildung des ›Tristan‹ hat sich Gertrude *Schoepperle* auseinandergesetzt (vgl. das Kapitel »An Examination of the Estoire for Traces of Celtic Tradition«, S. 267ff.). Sie vergleicht die Tristansage mit den keltischen Literaturgattungen der *immrama* und *aitheda*, die für ihre Entstehung von Bedeutung gewesen sind (vgl. oben, S. 36), und gelangt zu dem Ergebnis, daß nicht nur einzelne Teile der Tristansage, sondern der Kern des Liebesromans Schöpfung der Inselkelten ist: »The story of Tristan as it was first conceived, and conceived in no less of tragic beauty than in the forms in which we now have it, *was* Celtic« (S. 469 [die Hervorhebung bei Sch.]).

Schoepperles Untersuchung ist zwar die bedeutendste, aber weder die einzige noch auch die erste Kritik an *Bédiers* Grundthese. Schon 1910 hat sich Jakob *Kelemina* gegen *Bédiers* Aufstellung des poème primitif gewandt und sich dahin ausgesprochen, daß dem Urtristan sein Name nicht rechtens zukomme (Untersuchungen zur Tristansage, S. IX; vgl. auch aus seiner späteren Arbeit den Satz: »Das Urteil [über den von *Bédier* und *Golther* wiederhergestellten Urtristan] lautet: daß das Urgedicht so nicht ausgeschaut hat, wie die beiden Männer es herstellten«, S. 220), hat damit aber kaum Resonanz gefunden. 1923 baute *Kelemina* seine früheren Thesen dann weiter aus (Geschichte der Tristansage [...]). Danach lassen sich aus dem französischen Prosaroman zwei frühere (und frühe) Versdichtungen herauslösen, die er R_1 und R_2 nennt. Der Tristanstoff hat nach *Kelemina* also von Anfang an in doppelter Gestalt existiert. Andere Forscher haben an der Konzeption des Urtristan als der Quelle aller Tristandichtungen festgehalten, so Wolfgang *Golther*: »Die gesamte Überlieferung entstammt einem französischen [...] Versroman, dessen Urfassung verlorenging, der nur in späteren mehr oder weniger freien Bearbeitungen vorliegt« (1929, S. 1). *Golther* setzt hier den Urtristan um 1150 an (S. 1; in seiner Arbeit aus dem Jahre 1907: 1140–1150, S. 73).

Die neuere stoffgeschichtliche Forschung über den ›Tristan‹, die vielfach von ausländischen Forschern betrieben wird, neigt, ähnlich wie die gegenwärtige Forschung über die Vorgeschichte des Nibelungenliedes, dazu, die Verhältnisse als verwickelter anzusehen, und bemüht sich, *Bédiers* relativ einfaches Stemma durch kompliziertere Aufstellungen zu ersetzen, so etwa Bruno *Panvini* in seinem Buch ›La leggenda di Tristano e Isotta‹, 1951. (Vgl. zu der Position von *Panvini* und zu der ihr widersprechenden Untersuchung von Camillo *Guerrieri Crocetti* zusammenfassend Rosemary *Picozzi,* A History of Tristan Scholarship, S. 52f.) Insgesamt dominiert in der Gegenwart mit Recht eine deutliche Zurückhaltung und Skepsis gegenüber der Rekonstruktion von Tristandichtungen, da hier unvermeidlicherweise vieles unsicher bleiben muß. Dieser Vorbehalt gilt natürlich auch für die Erschließung des ›Urtristan‹, wie sie in jüngerer Zeit Sigmund *Eisner* unternommen hat (1969, S. 161–167). – Zur Herleitung des ›Tristan‹ aus orientalischen Quellen vgl. oben, S. 33ff.

In der Reihe der Namen der großen Erforscher des Tristanstoffes im ersten Viertel unseres Jahrhunderts – *Bédier, Golther, Schoepperle* – muß auch der Name Friedrich *Ranke* (1882–1950) genannt werden. Freilich reicht *Rankes* Beitrag zur Tristanforschung weit über das Stoffgeschichtliche hinaus. Mit *Ranke* beginnt ein neues Kapitel der Gottfriedforschung – und überhaupt erst ihr entscheidendes. Viel stärker als zuvor wird die Tristanforschung, soweit sie sich mit Gottfrieds Dichtung beschäftigt, nun wirklich Gottfriedforschung. In einer frühen Untersuchung (ZfdA 55, 1917) klärte *Ranke* grundlegend die Handschriftenverhältnisse der ›Tristan‹-Überlieferung (vgl. oben, S. 13ff.). Diese Untersuchung war die Vorarbeit zur kritischen Ausgabe von Gottfrieds ›Tristan‹, von der *Ranke* 1930 den ersten Band vorlegte. Der zweite Band, der die Lesarten und Anmerkungen bringen sollte, ist nicht erschienen (vgl. dazu oben, S. 16). In dem für breitere Kreise bestimmten Buche ›Tristan und Isold‹ vom Jahre 1925 unternahm *Ranke* es dann, die Entwicklung des Tristanstoffes im Mittelalter zusammenfassend darzustellen, wobei er teils auf die vorangegangene Forschung, z. B. Gertrude *Schoepperles,* zurückgriff, teils eigene Ansichten vortrug.

Wie *Rankes* Darlegungen über die Entwicklung der Tristandichtungen unter dem Gesichtspunkt des Aufbaues und des Aufbaustils der erschlossenen Fassungen ergänzt werden können, hat Arthur *Witte* gezeigt (ZfdA 70, 1933). Nach *Witte* ist der Aufbau der ältesten Tristandichtungen beherrscht von dem Stilwillen zur abwandelnden und steigernden Doppelung.

Gerade auch im Gottfried-Kapitel blieb *Ranke* aber nicht bei dem Stoff- und Motivgeschichtlichen stehen, sondern gab bereits wesentliche Hinweise auf die Problematik des Werkes, zur Klärung der ›inneren‹ Fragen. Ganz diesen gewidmet ist sodann seine gleichzeitig erschienene Untersuchung über »Die Allegorie der Minnegrotte in Gottfrieds Tristan«, mit der er der Gottfriedforschung neue Wege wies und ihr, zusammen mit den Ausführungen in seinem ›Tristan‹-Buch, die tragfähigen Grundlagen schuf.

Es darf allerdings nicht übersehen werden, daß es auch schon vorher vereinzelt Ansätze zur Aufhellung zentraler Probleme in Gottfrieds Dichtung gegeben hat. Namentlich ist hier Friedrich *Vogts* (1851–1923) Marburger Rektoratsrede »Der Bedeutungswandel des Wortes edel« vom Jahre 1908 zu nennen, die für ein Einzelproblem die Wesenserschließung des ›Tristan‹ außerordentlich förderte. *Vogt* stellt fest, daß das ursprünglich und bis ins Hochmittelalter ausschließlich im ständischen Sinne, zur Bezeichnung des Geburtsadels (= nhd. ›adlig‹) gebrauchte Wort *edel* zuerst von Gottfried auf das Geistig-Seelische übertragen worden sei (S. 10), woneben bei Gottfried auch noch die alte Verwendung begegnet, und er weist bereits auf die Mystik als Quelle hin, aus der Gottfried die neue Bedeutung geschöpft habe (S. 12). Parallel zu dem mystischen Ausdruck von der *edelen sêle* habe Gottfried den für ihn zentralen Begriff des *edelen herzen* geprägt. (Eine radikale Absage an *Vogts* Auffassung, die sich die Forschung so gut wie einmütig zu eigen gemacht hatte, jetzt bei Olive *Sayce*, DVjs. 33, 1959. Sie hält die Herleitung des Begriffs *edelez herze* aus der Mystik für verfehlt und möchte dem Wort *edel* auch in dieser Wendung noch ausschließlich die Bedeutung »adlig, aristokratisch« zusprechen. *Sayce* spricht von einem »unglücklichen Einfall« *Vogts* [S. 410] – eine bedenkliche Charakterisierung, wie dies bereits in der ersten Auflage dieses Bandes ausgesprochen und von der auf Olive *Sayce* folgenden Forschung erhärtet worden ist.) – Friedrich *Vogt* dürfte allerdings insofern im Irrtum sein, als nicht erst Gottfried das Wort *edel* auch in einem nichtständischen Sinne gebraucht hat. Schon im ›Annolied‹ (entweder 1080/85 oder kurz nach 1105) wird es in verinnerlichter Bedeutung verwendet: *edile gemut* (v. 775).

Die allegorische Ausdeutung der Minnegrotte, übrigens die erste weltliche Allegorie in deutscher Sprache, ist bei Thomas noch nicht vorgebildet und also Gottfrieds ureigenes Werk. *Rankes* grundlegende Erkenntnis ist nun, daß sie von dem theologisch gebildeten Dichter nach dem Typus und Schema der tropologisch-mystischen Ausdeutung des Kirchengebäudes gestaltet worden ist (S. 11). Das aber bedeutet nichts Geringeres, als daß der Liebesbehausung Tristans und Isoldes durch Gottfried eine Ehre zuteil wird, die bisher dem christlichen Gotteshaus vorbehalten war (S. 12): die Liebesgrotte wird dem Tempel Gottes gleichgestellt. Als eine in die Sphären religiöser Andacht emporgesteigerte Liebesverherrlichung, als eine Liebesreligion von erstaunlicher Kühnheit hat *Ranke* Gottfrieds Liebesauffassung charakterisiert (S. 12). Dem Liebesproblem in Gottfrieds ›Tristan‹ hat dann fast gleichzeitig mit den beiden erwähnten Arbeiten *Rankes* dessen Schüler Emil *Nickel* eine eingehende Studie gewidmet (veröffentlicht 1927), die freilich durch Fehlurteile im einzelnen in ihrem Wert gemindert ist. Von der bis zuletzt anhaltenden Beschäftigung *Rankes* mit dem ›Tristan‹ zeugt u. a. sein Aufsatz »Zum Vortrag der Tristanverse« aus dem Jahre 1948, der Klärendes über Gottfrieds Verskunst ausführt.

Es fehlte auch in den folgenden Jahren nicht an Untersuchungen, die der Wesenserkenntnis von Problematik, Weltbild, Gehalt des Gottfriedschen Romans gewidmet sind. Doch traten noch einmal als typisch für die Forschungslage Arbeiten hervor, die sich in anderer Richtung bewegten: auf der einen Seite quellenkritische Untersuchungen, die etwa das Verhältnis Gottfrieds zu Thomas oder zu Eilhart behandeln (vgl. die im Literaturverzeichnis zum dritten Kapitel aufgeführten Titel), auf der anderen Seite solche, die sich, wie es schon im 19.Jh. geläufig war, aber nun vertiefter, eindringlicher, mit Gottfrieds Stil beschäftigen (vgl. hierzu die Auswahlbibliographie, S. 115). Auf eine dieser Arbeiten sei aus wissenschaftsgeschichtlichen Gründen eigens hingewiesen, weil sie, obwohl von einer sehr persönlichen, ja eigenwilligen Art, in ihren Grundlagen für die Forschungssituation der Zeit ihrer Entstehung außerordentlich bezeichnend ist. Wir denken an Kurt Herbert *Halbachs* (1902–1979) ›Stilgeschichtliche Studie‹ »Gottfried von Straßburg und Konrad von Würzburg. ›Klassik‹ und ›Barock‹ im 13.Jahrhundert«, 1930. Diese Arbeit wäre letztlich nicht möglich gewesen ohne Fritz *Strichs* ›Deutsche Klassik und Romantik‹ (1922). Eine doppelte Problematik wirft *Halbachs* Untersuchung auf, eine grundsätzliche und eine sachliche. Einmal: Ist es angängig (und dazu: ist es wesenserschließend), überzeitliche Stiltypen aufzustellen, oder ist ein Stil wie der Barockstil und die hinter ihm stehende welt- und menschenbildliche Haltung eine einmalige geschichtliche Ausprägung? Zum anderen: Wenn es möglich ist, solche Stiltypen herauszukristallisieren, darf man sie so auf das Mittelalter übertragen, daß Gottfrieds Stil als klassischer, der Konrads aber als barocker gekennzeichnet werden kann? Daß ein Vergleich zwischen Gottfrieds und Konrads Stil lohnend ist, hat übrigens – im Hinblick auf die Verskunst – schon 1909 Carl von *Kraus* ausgesprochen (ZfdA 51, S. 369), und die Fruchtbarkeit dieser vergleichenden Betrachtung erhellt auch aus dem Umstand, daß nach *Halbachs* Untersuchung noch wiederholt derartige Vergleiche durchgeführt worden sind.

Die bisher fruchtbarsten Jahre für die an *Ranke* anknüpfende und im Zeichen der Geistesgeschichte stehende Gottfriedforschung waren dann die zwischen 1940 und 1953. In diesem Zeitraum wurde von verschiedenen Seiten, bei durchaus divergierenden Ergebnissen im einzelnen, endlich der volle Zugang zur Problem- und Sinnmitte des Gottfriedschen Werkes gewonnen. Die Phase der Tristanforschung, die im wesentlichen an der Stoffgeschichte interessiert war und die Form- und Stileigentümlichkeiten analytisch-monographisch mehr oder weniger isoliert behandelte, ist damit endgültig überwunden worden. Julius *Schwieterings* (1884–1962) Literaturgeschichte – erschienen in den Jahren 1932 bis 1941 – bedeutete für das Verständnis des ›Tristan‹ einen entscheidenden Gewinn. Besonders in der Beurteilung des Verhältnisses der Tristan-Isolde-Liebe zu dem religiösen Bereich gelangt *Schwietering* zu grundlegenden Erkenntnissen. In aller Deutlichkeit ist ausgesprochen, daß das Religiöse nur von außen her berührt wird oder sich wie das Ethische der Minne unterordnet (S. 190). »Gott ist zu einem Werkzeug der Minne geworden, er dient den Liebenden und bewährt seine *hövescheit,* indem er ihnen lügen und trügen hilft, um den Schein ihrer Ehre zu retten« (ebd.). Weiter: »Gottfried hat den endlichen Wert seines Minneideals verabsolutiert, ihn ins Unendliche, Ewige und Göttliche erhoben« (ebd.). *Schwietering* hebt hervor, daß die Darstellung der Liebe Tristans und Isoldes: ihres Dranges nach völliger Einung und Ekstase der Erfüllung sich im Ausdruck vielfach mit Wendungen mystischer Gottesoffenbarung und Gotteseinung berührt (S. 191), und er weist auch sonst auf die Bedeutung der Mystik für den ›Tristan‹ hin, z. B. für das mehrfach variierte Bild des Tausches von Leib und Leben der Liebenden (S. 185). Diese Analogien zum Religiösen, insbesondere zur Mystik, werden von *Schwietering* durchaus als positive Verhältnisbeziehung, gleichsam als analogia entis verstanden. Aber *Schwietering* hat auch bereits erkannt, hier die spätere Deutung Gottfried *Webers* vorbereitend: »Wie in oppositioneller Bejahung des Diesseits heidnischer Göttername an die Stelle Gottes tritt, so sind auch die Nachbildungen von Geistlichem durch Weltliches [...] oft genug mit gegensätzlicher Spannung geladen, wie z. B. das Wort ›Welt‹ für die berufene Gemeinde der ›edlen Herzen‹ oder der Wunsch des ›ewiglichen Sterbens‹ in Isolde christlicher Auffassung von der Welt der Sünde und christlicher Hoffnung auf ein ewiges Leben gegenüberstehen« (S. 192). Und kurz darauf spricht *Schwietering* zweimal von *Gleichlauf und Gegensatz*[1] (zu Geistlichem). Zukunftträchtige Erkenntnisse hat *Schwietering* auch im Hinblick auf die Gestalt der Isolde Weißhand gewonnen (S. 186), deren Problem – auch für Gottfried selbst und sein Dichten – aufgezeigt wird. »Schwer vorzustellen, wie sich Gottfried, dessen Idealisierung über Thomas hinaus Isolde wie Tristan gilt, mit der Ehe Tristans und Isolde Weißhands abzufinden gedachte« (ebd.; vgl. ausführlicher dazu unten, S. 96). Erhellenden Aufschluß gibt *Schwietering* schließlich im Hinblick auf Gottfrieds Formkunst, indem er das Stilbild des ›Tristan‹ von der

---

[1] Hervorhebung durch uns.

Wesensmitte der Dichtung her deutet (S. 193f.). Einige Jahre später (1943) konnte *Schwietering* die Beziehungen von Gottfrieds ›Tristan‹ zur Mystik, namentlich Bernhards von Clairvaux, noch deutlicher nachweisen. In ausgesprochenem Gegensatz zu Helmut *de Boor* (vgl. unten, S. 76) betont *Schwietering* die wesensmäßige Andersartigkeit der Tristanliebe gegenüber dem gleichzeitigen Minnesang (und Artusroman): »Tristanliebe ist nur erfahrbar im Gegensatz zur Liebeslehre des zeitgenössischen Frauendienstes, des Minnesangs und des Artusromans« (S. 7). (Ähnlich schon in der Literaturgeschichte: »Liebe als Schicksal und elementare Leidenschaft schließt ein Verdienen der Liebe aus«, S. 185.) Eine weitere bedeutsame Erkenntnis *Schwieterings* ist, daß das Vorbild der Minnegrotte und des Minnebetts in dem Salomopalast und Salomobett (lectulus Salomonis: Cantic. 3, 7) zu sehen sei.

Man erinnere sich, daß es *Rankes* grundlegende Erkenntnis gewesen ist, die Grottenallegorese in Gottfrieds ›Tristan‹ sei ein Analogon zur allegorischen Ausdeutung des christlichen Gotteshauses (vgl. oben, S. 72). Seinem und seiner Nachfolger ›theologischen‹ Ansatz der Deutung hat in den frühen sechziger Jahren Herbert *Kolb* widersprochen, indem er Gottfrieds Allegorese der Minnegrotte mit der Tradition weltlicher allegorischer Minnedichtung in Frankreich verknüpft (Euph. 56, 1962). Gottfrieds Bezeichnung der Minnehöhle als *der Minnen hûs* (v. 17029) ist nach *Kolb* die Wiedergabe der altfranzösischen Wendung von der *maison d'amor*, dem Haus der *Venus la deesse d'amor,* so wie Gottfried von dem in der Grotte stehenden Bett sagt, *daz ez bemeinet* [»bestimmt, gewidmet, geweiht«] *waere/der gottinne Minne* (v. 16722f.). Auch zu vielen weiteren wesentlichen Einzelheiten hat *Kolb* genaue Parallelen aufgezeigt. Doch selbst wenn man annimmt, daß eine solche Tradition zur Zeit Gottfrieds bereits bestanden habe (was nicht sicher ist, da die von *Kolb* herangezogenen französischen Texte erst dem 13. Jh. entstammen), muß Gottfried nicht unbedingt von ihr beeinflußt und angeregt worden sein. Einige Jahre nach Herbert *Kolb* hat Peter C. *Ober* einen zweiten von *Rankes* Vorstellungen völlig abweichenden Interpretationsansatz in die Diskussion eingebracht (MDU 57, 1965): Er sieht die Minnegrotte-Episode »in the light of alchemical symbolism« (S. 321), worin ihm aber die Forschung mit Recht nicht gefolgt ist.

Die These Julius *Schwieterings* von der tiefgreifenden Bedeutung der Mystik für Gottfrieds ›Tristan‹ hat in der Forschung weithin Zustimmung gefunden. Hans-Günther *Nauen* konnte in seiner Dissertation (1947) *Schwieterings* Auffassung durch den exakten Aufweis von Parallelen in der mystischen Literatur unterbauen und weiterführen. *Nauen* betont im übrigen aufs stärkste, daß Gottfried kein inneres Verhältnis zur christlichen Religion gehabt habe (z. B. S. 27, 31), die Unterstreichung kirchlicher Formen verdecke gerade einen Mangel an innerer religiöser Substanz (S. 37). Zu einer ähnlichen Beurteilung von Gottfrieds Christlichkeit und Kirchlichkeit gelangte, um nur ein weiteres Beispiel aus dieser Phase der ›Tristan‹-Forschung zu nennen, auch Eva *Görlach* in ihrer Dissertation (1952). Es darf indessen nicht verschwiegen werden, daß einige Forscher sich skeptisch gegenüber der von *Schwietering* inaugurierten ›Tristan‹-Deutung geäußert haben und bestreiten, daß des Dichters Grundkonzeption, daß Struktur und Ausdrucksform seines Werkes wesentlich der Mystik verpflichtet seien. Hauptvertreter dieser Forschungsrichtung ist Maria *Bindschedler* (geb. 1920), die der Meinung ist, der Begriff ›Mystik‹ sei erst von den Interpreten als Analogie an Gottfrieds Werk heran- (und in es hinein)getragen worden (Beitr. 76 [Halle], 1955, S. 29). *Bindschedler* bekennt sich zu de Boors Ansicht, daß Reinmar und Gottfried einander nahestehen (S. 16) – trotz *Schwieterings* Einwänden aus dem Jahre 1943.

Fast gleichzeitig mit dem Abschluß von Julius *Schwieterings* Literaturgeschichte erschien Helmut *de Boors* (1891–1976) Aufsatz »Die Grundauffassung von Gottfrieds Tristan« (DVjs. 18, 1940). *De Boor* hält es von vornherein für verfehlt, im ›Tristan‹ renaissancehafte oder gar christentumsfeindliche Neigungen zu sehen, und glaubt umgekehrt, einen Kern ernster Gottesauffassung bei Gottfried nachweisen zu können (S. 283). Im Zentrum von *de Boors* ›Tristan‹-Auffassung steht die Analogie des Tristanromans zur christlichen Legende, und zwar selbstverständlich im Sinne eines positiven Verhältnisses: Gottfried habe aus dem ›Tristan‹ eine Minnelegende schaffen wollen, die Geschichte vom reinen Leben und seligen Sterben der Minneheiligen Tristan und Isolde (S. 276). Wiederholt spricht *de Boor* vom ›Tristan‹ als einer Minnelegende (vgl. S. 285, 294, 298, 301) und von den Helden des Romans als Minneheiligen. Wenn Tristan von dem »Dienst der wahren Minne« abfällt, so hat nach *de Boor* die Legende in dem abtrünnigen Heiligen, der zuletzt im Tod den Weg zu Gott zurückfindet, das christliche Gegenbild bereit (S. 296), und Marke ist in dieser Sicht in der ›Minnelegende‹ das, was in der Märtyrerlegende der heidnische Gewalthaber ist, der Vertreter der widergöttlichen Welt. *De Boors* Deutung hat vielfachen Widerspruch gefunden, am entschiedensten von seiten Gottfried *Webers* (Bd. II, S. 18–22). Im zweiten Band seiner Literaturgeschichte (zuerst 1953) hat *de Boor* an seiner Auffassung festgehalten, sie jedoch mit der mystikbestimmten ›Tristan‹-Deutung zu verbinden gesucht: Die (sinnengetriebene und -betonte!) ›unio mystica‹ im ›Tristan‹ ist eine solche zwischen Minneheiligen.

Bemühte sich Helmut *de Boor*, die Christlichkeit des ›Tristan‹ zu erweisen, so hat Bodo *Mergell* (1912–1954) diesen Versuch auf die Spitze getrieben (1949). In dem ersten Teil seiner Arbeit verfolgt *Mergell* die Entwicklung des Tristanstoffes, wobei Struktur- und Kompositionsfragen eine große Rolle spielen. Sein Verfahren hierbei ist auf der einen Seite spekulativ, auf der anderen Seite dogmatisch. Wir müssen es uns indessen versagen, auf diesen Teil von *Mergells* Arbeit näher einzugehen, und uns mit einigen Hinweisen auf seine Gottfrieddeutung begnügen. *Mergells* ›Tristan‹-Auffassung ist radikal harmonistisch (nicht weniger übrigens die des Nibelungenliedes). Er behauptet, es sei unwahrscheinlich, daß Gottfrieds ›Tristan‹ etwa im Sinne des französischen oder des anglonormannischen (also Thomasschen) Romans hätte fortgesetzt werden sollen (S. 152; Näheres hierzu unten, S. 97 f.). Die Tristanliebe wird nach *Mergell* mehr und mehr Übergang und Stufe auf dem Wege zu Gott, ja zuletzt spiegelt sie ein Abbild himmlischer Minne wider, im Irdischen nicht vollendet, sondern angestrebt in Richtung auf höhere Wandlung (S. 176/177). Nach einer solchen Deutung kann es schon kaum mehr überraschen, wenn man dann liest, das Gottesurteil und Isoldes Haltung ihm gegenüber sei »Ausdruck der Frömmigkeit des Zeitalters«: »*So groß ist Gott*[1], daß er selbst das Menschlich-Allzumenschliche dieses Arrangements der Liebenden zuläßt« (S. 178).

Den zeitlich nächsten wichtigen Beitrag zur ›Tristan‹-Forschung stellt Friedrich *Maurers* (geb. 1898) ›Leid‹-Buch aus dem Jahre 1951 dar. In kritischer Auseinandersetzung mit *de Boors* ›Tristan‹-Interpretation weist *Maurer* wesentliche Teile von dessen Deutung zurück (S. 207 ff.): Der ›Tristan‹ ist keine Liebeslegende, Tristan kein Minneheiliger, Gottfrieds Minneidee ist nach *Maurer*, der sich hier mit *Schwieterings* Ansicht berührt, nur im Gegensatz zur Reinmarschen Minne begreifbar (S. 208, 241). *Maurer* weist dafür auf Walther von der Vogelweide hin (S. 241) und meint, Gottfrieds Liebesauffassung habe Walthers Gedanken von der *herzeliebe* zur Voraussetzung (S. 245). Hinter diesen Satz wird man zum mindesten ein Fragezeichen setzen dürfen. Das Verhältnis Gottfried – Walther hat übrigens früher (1927) schon Emil *Nickel* beschäftigt. Nach Friedrich *Maurer* haben die bisherigen Deutungsversuche des ›Tristan‹ zu einseitig die Minneidee beachtet (S. 235), während das Grundthema des Werkes nicht die Minne allein sei, »sondern es ist der Konflikt der Minne mit anderen Werten, und es ist das Schicksal Tristans, das sich in diesem Konflikt vollzieht« (ebd.).

---

[1] Bei Mergell hervorgehoben.

Diese anderen Werte sind *reht* und, mehr noch, *êre*. Was *êre* im ›Tristan‹ bedeutet, wird dann von *Maurer* eingehend untersucht (S. 245ff.).

Die von Helmut *de Boor* zu Bodo *Mergell* sich steigernde christlich-harmonisierende ›Tristan‹-Deutung hat alsbald entschiedenen Widerspruch gefunden in den Untersuchungen Hans *Goerkes* und Gottfried *Webers*. *Goerke* (1952) weist, auch hinsichtlich der Ausprägungsform, auf Parallelen zwischen der Minneauffassung des südwestdeutschen Dichters und den zu einem offenen Pantheismus führenden Lehren der Amalrikaner hin, wobei er auch an direkten Einfluß denkt. Zentral für die amalrikanischen Lehren, soweit sie für den ›Tristan‹ bedeutsam sind, ist die Ansicht, daß demjenigen, der in der Liebe stehe, keine Sünde zugerechnet werde (»in caritate constitutis nullum peccatum imputabatur«) – ausgehend von dem Apostelwort »Deus [...] operatur omnia in omnibus« 1.Kor. 12,6 (und also auch das Schlechte). Nach *Goerke* bedurfte es nur der Verselbständigung und Säkularisierung des caritas-Begriffes, um in den Bereich der Gottfriedschen Minnesphäre zu gelangen. Es muß gesagt werden, daß *Goerkes* Versuch nur einen Teilaspekt von Gottfrieds Roman berührt, von dem aus sich nicht dessen Ganzes in seiner Komplexität und Vielschichtigkeit erschließt. Gottfried *Weber* hat schon vor *Goerke* auf wahrscheinliche Beziehungen zwischen der Lehre Amalrichs von Bena und Gottfrieds ›Tristan‹ hingewiesen (ZfdA 82, 1948/50), diese Beziehungen aber in ein Netz anderer geistiger Beziehungen und Kräfte eingeordnet, in dem sie nur einen bestimmten und begrenzten Stellenwert haben, aber nicht Kern und Wesen prägen.

Gottfried *Webers* (geb. 1897) zweibändiges ›Tristan‹-Buch vom Jahre 1953 stellt die bisher umfassendste Deutung dar, die dem ›Tristan‹ gewidmet ist. Die wichtigsten Ergebnisse waren schon vorher in Aufsatzform veröffentlicht worden (ZfdA 82). *Weber* geht von der Überzeugung aus, »daß eine mittelalterliche Literaturwissenschaft ohne gründliche Einbeziehung der jeweiligen philosophisch-theologischen Situation heute schlechterdings nicht mehr denkbar ist« (Bd. I, S. 5). Seine Arbeit verbindet ›existentiell‹ gerichtete Textanalyse mit geistesgeschichtlicher Synthese. – In der Gottfriedschen Liebesidee (vgl. zu ihr Kap. III, Bd. I, S. 42ff.) ist wesenhaft eine Existenzkrise enthalten, die in der Leib-Seele-Struktur des Menschen und in der Beteiligung sowohl der Seele als auch des Leibes am Liebesphänomen wurzelt (Bd. I, S. 43): »Das Verhältnis von Seelenliebe und Sinnenliebe [ist] gerade das menschliche Urproblem, um das es geht und dessen dichterische Verklärung Wesen und Kern des Gottfriedischen Kunstwerks bestimmt« (Bd. II, S. 20). Die ›Liebesmystik‹ des ›Tristan‹ wird von *Weber* – und diese These ist eines der zentralen Ergebnisse der Untersuchung – nicht als das positive Verhältnis einer analogia entis zu den metaphysischen Liebesideen der christlichen Religiosität verstanden, sondern als eine Gegensatzspannung, als analogia antithetica, und das heißt als ein immanenter Widerspruch gegen die christliche Liebesmetaphysik: Die Ideen*struktur* ist ganz und gar christlich, der Ideen*inhalt* dagegen ebensosehr unchristlich, weil anthropozentrisch verabsolutierte Liebesmystik der Kirche (Bd. I, S. 127). Tristan und Isolde werden nicht eine Einheit in Gott oder Christus, sondern unter Ausschaltung Gottes in sich selber. Gott selbst (vgl. hierzu Kap. IV, Bd. I, S. 91 ff.) erscheint im ›Tristan‹ unentbehrlich als traditioneller Faktor; aber das innere Verhältnis zu ihm und damit das eigentlich Religiöse erweist sich als äußerst gering. Die Haltung des Dichters stellt sich als die einer grundsätzlichen Skepsis nicht nur gegenüber den kirchlichen Institutionen, sondern auch der christlichen Lehre dar (Bd. I, S. 120, 121). Und neben dem christlichen Gott steht eine zweite metaphysische Macht: das Dämonische (vgl. Kapitel V, Bd. I, S. 133 ff.), das seine letzte Aufgipfelung in der Minne erfährt (Bd. I, S. 154) – die aber gleichzeitig auch seelische Verbundenheit ist. ›Dualismus‹, ›Dilemma‹ (vgl. Kap. VI, Bd. I, S. 205 ff.) – der Gegensatz von Minne und *êre* – und dieses als Ausdruck der Erfahrung einer universalen ›inordinatio‹ (vgl. Kap. VII, Bd. I, S. 217 ff.) – die letztlich in der pervertierten Verhältnisbestimmung zwischen Gott und dem Dämon gründet – sind nach *Weber* entscheidende Aspekte für die Wesenserschließung des Gottfriedschen Werkes. Alle Werte und Größen erscheinen im ›Tristan‹ als ambivalent – auch das Göttliche und auch der Tod, der Zerstörung und rettende Lösung zugleich ist (Bd. II, S. 120). *Weber* begnügt sich nicht mit dem Aufweis der Grundstruktur von Gottfrieds Weltbild, sondern er fragt in einem zweiten Ansatz nach dem geschichtlichen Ort dieses (im Kern dualistischen) welt- und menschenbildlichen Status. Es ist die Frage nach den für den ›Tristan‹ bewegenden geistigen Kräften und Mächten; nicht in dem Sinne allerdings, wie es einige Kritiker verstanden haben, daß der Dichter die Philospheme und Theologeme seiner Zeit übernommen habe, sondern so, daß er die hinter ihnen stehenden Erfahrungsweisen und Weltbildhaltungen künstlerisch in sein Werk projizierte, wohl ebensosehr aufgrund denkerischer Auseinandersetzung mit ihnen als auch und primär (und jenes wohl erst wiederum aufgrund von diesem) erlebnishafter Parallelität eigenen Erfahrens. Es zeigt sich, daß

Gottfried in seinem ›Tristan‹ die wesentlichen Geisteskräfte seiner Zeit, den Augustinismus, die Lehren Bernhards von Clairvaux, der Viktoriner, Abälards, der Katharer, der Amalrikaner, der Schule von Chartres, wie in einem Brennpunkte aufgefangen hat, ohne sich doch mit einer von ihnen oder auch ihrer Summe schlechthin zu identifizieren (vgl. zu den einzelnen Strömungen Exkurs V, Bd. II, S. 123 ff.). Als entscheidend freilich erweist sich das dualistische Moment, und es ergibt sich eine bedeutsame innere Nähe des südwestdeutschen Dichters zu jener weitausgreifenden neudualistisch-katharischen Bewegung seiner Zeit, von der wir nicht wissen, ob sie auch eine äußere gewesen ist. Dergestalt stellt sich Gottfrieds ›Tristan‹ als Spiegel und Mitträger der Krise des hochmittelalterlichen Weltbildes dar, die in ihrem Zentrum eine Krise des Liebesphänomens, eine Krise um Eros und Agape ist.

Blickt man von dieser ›Tristan‹-Deutung des Jahres 1953 aus auf die Geschichte der ›Tristan‹-Forschung zurück, dann wird das außerordentlich große Maß ihrer Entwicklung sichtbar, auch dann noch, wenn man ihre stoffgeschichtliche Phase außer acht läßt und nur die frühen der auf die Erhellung des Gehaltes der Dichtung gerichteten Versuche ins Auge faßt. Insgesamt ist der Gewinn der ›Tristan‹-Forschung seit der Mitte der zwanziger Jahre kaum zu überschätzen. Hans *Fromm* hat die Hauptetappen dieser Entwicklung folgendermaßen charakterisiert: »Rankes große Entdeckung bestand im Hinweis auf die Denkform der Analogie, auf die christliche Komponente und den Vorrang der Minnesphäre im Werke, bei der auch methodisch anzusetzen ist. Schwietering baute darauf auf und erkannte den theologischen Richtpunkt außerhalb des Werkes. Der geistesgeschichtliche Ort der Dichtung – und damit ihre Metaphysik – blieb jedoch unbestimmt, da die Analogie sich als mehr struktureller denn fixierender Natur erwies [...] Für die Zukunft der Mittelalter-Wissenschaft ist gegenüber der Gewinnung der häretischen und neuplatonistisch-pantheistischen Komponente das entscheidendere Verdienst Webers, in mittelalterlicher Erlebnisstruktur, die im Kunstwerk faßbar wird, die Möglichkeit zu einer entschiedenen, nicht nur existentiell, sondern auch philosophisch leistbaren Apostasie gezeigt zu haben. Die Tatsache, daß des Dichters Minneerfahrung und Glaubensauflösung nicht ›Freigeisterei der Leidenschaft‹, sondern neue Metaphysik wird, zeigt den mittelalterlichen Gottfried« (DVjs. 28, 1954, S. 137f.).

Es verbleibt noch, die ›Tristan‹-Forschung der letzten drei Jahrzehnte und damit zugleich die gegenwärtige Forschungssituation zu charakterisieren. Die Forschungslage zu Gottfrieds ›Tristan‹ läßt sich am ehesten so kennzeichnen, daß es einerseits, nämlich im

Hinblick auf die Textkritik, die stofflich-quellenmäßigen Voraussetzungen Gottfrieds (vgl. Kap. III) und seine Formkunst (vgl. Kapitel II, 4) keine wesentlichen Probleme gibt, die strittig sind, daß aber andererseits bei wenigen Dichtungen so erhebliche Divergenzen in der Deutung des Problem- und Ideengehalts bestehen wie beim ›Tristan‹. Freilich hat Werner *Schröder* darauf hingewiesen, daß es den Anschein habe, »als seien die textkritischen Fragen, welche die ›Tristan‹-Überlieferung stellt, noch keineswegs alle zur Zufriedenheit gelöst« (Nachwort zum dritten Abdruck von *Marolds* ›Tristan‹-Ausgabe, 1969, S. 299), und er konstatiert: »Ob das euphorische Gefühl der Sicherheit, in welchem sich die Gotfrit-Forschung seit Jahren hinsichtlich der philologischen Fundamente ihrer vornehmlich interpretatorischen Bemühungen gewiegt hat, tatsächlich berechtigt war, kann erst der fehlende vollständige Lesartenapparat erweisen, der somit die dringlichste Aufgabe der Gotfrit-Forschung darstellt« (S. 300). Ein für die Interpretation des ›Tristan‹ instruktives Beispiel, das *Schröder* anführt, bietet v. 1371f. Die beiden Verse lauten in *Rankes* Ausgabe im Anschluß an die Handschriften FWP: *daz sî enhaeten niht ir leben / umb kein ander himelrîche gegeben.* H (und MBE), die nach *Ranke* bei Diskrepanzen gegenüber dem anderen Strang der Überlieferung an sich den Vorzug verdienen, schreiben statt dessen: *umb kein ander künicrîche gegeben* (H und so auch *Marold*; *Bechstein/Ganz*: *umbe kein künicrîche gegeben*; MBE: *umb tûsent künecrîche gegeben*). *Rankes* Entscheidung zugunsten von *himelrîche* basiert ohne Zweifel auf seiner »Auffassung von Gotfrits Kirchen- und Christentums-analoger Ausgestaltung seiner Minnewelt« (*Schröder*, S. 299), steht aber im Gegensatz zu einem von ihm selbst verfochtenen textkritischen Grundsatz. Doch ist dies nur ein vereinzeltes Beispiel, und man darf das Gewicht textkritischer Fragen für die ›Tristan‹-Interpretation nicht überschätzen. Das Sinnverständnis des ›Tristan‹ wird von den wenigen wirklich umstrittenen textlichen Entscheidungen allenfalls in Nuancen und nicht im Ganzen und im Kern berührt. Zu dieser Auffassung scheint sich jetzt auch Werner *Schröder* zu bekennen, schreibt er doch in einem seiner jüngsten Beiträge zum ›Tristan‹: »Zum Glück divergieren die Haupthandschriften nur in sprachlichen und stilistischen Details und ist die Überlieferung im Grundbestand ziemlich einheitlich geblieben« (Text und Interpretation. [...], 1979, S. 15).

Die auf den Sinn- und Problemgehalt des ›Tristan‹ zielenden Interpretationen der letzten Jahre sind gegenüber den früheren, oben (S. 72ff.) referierten Arbeiten in einen geänderten wissenschaftsgeschichtlich-methodologischen Kontext eingebettet. Standen die ›Tristan‹-Deutungen drei Jahrzehnte lang – von Friedrich *Ranke* bis Gottfried *Weber* – im Zeichen der Geistesgeschichte, so hat sich mit der verbreiteten Abkehr der Literaturwissenschaft von dieser Methode auch innerhalb der ›Tristan‹-Forschung eine Verlagerung des Deutungsansatzes und des Erkenntnisinteresses vollzogen. Allerdings ist die bisweilen begegnende, fast überhebliche Selbstverständlichkeit, mit der der Geistesgeschichte eine Absage erteilt wird, durchaus unberechtigt. Es wird leicht vergessen, daß es nicht nur geistesgeschichtliche Arbeiten gegeben hat, die sich zu (oft auch sprachlich exaltierten) kühnen Synthesen und Konstruktionen jenseits der oder hoch über den Fakten und den vermeintlichen Niederungen des Stofflichen und vollends den jeweiligen Texten aufschwangen – mehr Spekulationen als wirkliche Untersuchungen – und die die gesamte geistesgeschichtliche Betrachtungsweise in Verruf gebracht haben, sondern auch, wie gerade im Falle des Gottfriedschen ›Tristan‹, textbezogene geistesgeschichtliche Studien, denen wir eine wesentliche Vertiefung unseres Werkverständnisses verdanken. Es kann nicht bestritten werden, daß es legitim und notwendig ist, den Sinngehalt von Dichtungen zu untersuchen und dabei auch zu fragen, in welchen geistigen Strömungen er verwurzelt ist und inwieweit geistige Bewegungen der Zeit, etwa solche philosophischer Art, in der Dichtung ihren Niederschlag gefunden haben. Nur ist die Gefahr oder das Mißverständnis zu vermeiden, die wesenhaften Unterschiede zwischen Dichtung und Philosophie zu verwischen und ein dichterisches Kunstwerk zu lesen wie eine philosophische Abhandlung. Die Sprache der Kunst ist eben »kein Dialekt des philosophischen Idioms« (Karl *Viëtor*). Was den ›Tristan‹ im besonderen betrifft, so hat gerade ein Theologe (und germanistischer Mediävist), Dietmar *Mieth*, neuerdings erklärt: »Der ›Tristan‹ ist keine weltanschauliche Dichtung im Sinne der theologischen Weltdeutung oder ihrer Antithese« (Dichtung, Glaube und Moral. [...], 1976, S. 153), und darum könne es auch für den Interpreten nicht um eine ›theologische‹ Weltanschauung im ›Tristan‹ gehen, vielmehr um das in ihm dichterisch gestaltete »anthropologische Modell«. Freilich ist es, wie *Mieth* betont, »ein anthropologisches Modell mit moral- und religionskritischen Implikationen« (S. 209). Für deren Bewertung und Auswertung bleibt dennoch die Einsicht wesentlich: »Die theologisch-ethischen Aussagen sind Implikationen des anthropologischen Modells, und dieses tritt nicht als systematischer Entwurf auf, sondern als eine poetische Vollzugsgestalt, die sich nicht ohne weiteres begrifflich pressen läßt« (S. 221).

Beiträge zum ›Tristan‹ aus den letzten Jahren haben gezeigt, daß

›geistesgeschichtlich‹ orientierte Arbeiten nach wie vor fruchtbar sein können, nicht als vorschnelle, kühne und damit nicht tragfähige Konstruktionen, sondern als textnahe Untersuchungen, in denen zugleich nach dem (nicht allein, aber eben auch geistigen) Kontext gefragt wird, in dem der ›Tristan‹ steht. Und selbstverständlich gibt es bei der Deutung des ›Tristan‹ sowenig wie sonst eine alleinseligmachende Methode. »Historizität von Kunst« verwirklicht sich immer als das »Wechselverhältnis von realhistorischen, ideellen und kunstspezifischen Prozessen« (Wolfgang *Spiewok*, ZfG 1, 1980, S. 104), woraus sich zwingend ergibt, daß zur Erschließung des dichterischen Werkes mit seinen verschiedenen Aspekten immer eine Pluralität von Methoden erforderlich ist. Mit Recht finden neuerdings literatursoziologisch bzw. sozialgeschichtlich verfahrende Untersuchungen (neben den älteren geistesgeschichtlich und formanalytisch/formgeschichtlich orientierten) ein verstärktes Interesse (vgl. unten, S. 89 ff.), ohne daß freilich bis jetzt befriedigende Ergebnisse vorliegen. Charakteristisch für die Behandlung interpretatorischer Fragen, die Gottfrieds ›Tristan‹ in so reichem Maße aufwirft, ist gegenwärtig weiterhin, daß nach dem unverkennbaren Rückgang der zur Synthese drängenden geistesgeschichtlichen ›Tristan‹-Forschung und zumal nach dem Erscheinen des Buches von Gottfried *Weber* im Jahre 1953 umfassende Deutungen nur zögernd versucht werden – erst in allerjüngster Zeit werden sie wieder etwas häufiger –, daß vielmehr die Interpretation vorwiegend auf Einzelprobleme konzentriert ist. Mehr und mehr erweist sich der ›Tristan‹ als ein so vielschichtig-proteisches, änigmatisches Werk, daß das Unterfangen, Gottfrieds ›Grundauffassung‹, etwa gar in Form eines knappen Aufsatzes, zu fixieren, kaum noch gewagt wird.

Die stärkere Hinwendung zu Teilaspekten und Einzelproblemen ist auch der Würdigung des ›Tristan‹ als Kunstwerk zugute gekommen, z. B. der Klärung der Raum- und Landschaftsdarstellung, der in den späten fünfziger und frühen sechziger Jahren besondere Aufmerksamkeit gewidmet worden ist (Rainer *Gruenter*, Ingrid *Hahn*). Wieweit dabei die Forschung über die älteren, meist bloß beschreibenden und sich vor allem auf die Kunstmittel des Dichters beschränkenden Untersuchungen, aber auch über spätere, sich etwa um das Erfassen der Symmetrie in Gottfrieds ›Tristan‹ bemühende Arbeiten hinausgekommen ist, zeigen die Studien der beiden genannten Forscher beispielhaft. Die Tragweite der Ergebnisse solcher Analysen ist dabei um so höher zu veranschlagen, je weniger in ihnen Form- und Stilphänomene isoliert untersucht werden (und sei es auch viel verfeinerter, differenzierter und eindringlicher als früher). Die Form hat eine Funktion im Problem- und Sinnganzen der Dichtung und empfängt erst von daher ihre volle Bedeutsamkeit.

Als Beispiele für offene oder kontroverse Fragen der ›Tristan‹-Deutung und damit zugleich als Beispiele für anstehende Forschungsaufgaben im Bereich der ›Tristan‹-Interpretation seien im folgenden einige Probleme skizziert. 1) Das Problem der geistigen Quellen von Gottfrieds Anschauungen, insbesondere sein Verhältnis zur Mystik (deren Bedeutung für den ›Tristan‹ nur von wenigen Forschern bezweifelt wird) und zu häretischen Strömungen (vgl. oben, S. 80). Die Frage nach den geistigen Wurzeln für Gottfrieds Konzeption, die im Zuge der Abwendung von der ›theologisch‹-philosophischen Interpretation des ›Tristan‹ eine Zeitlang zurückgetreten war, scheint in jüngerer Zeit wieder verstärktes Interesse zu finden. Schon Gottfried *Weber* hat auf die Bedeutung Abaelards für Gottfried aufmerksam gemacht; Hans *Fromm* hat neuerdings diese Linie sehr viel stärker, auch einseitiger, ausgezogen. Er verweist nicht nur auf »die vielen überraschenden Ähnlichkeiten im leidvollen Schicksal der beiden weltberühmten Liebespaare« [Abaelard und Heloise einerseits, Tristan und Isold andererseits] (Festschr. f. Ingeborg Schröbler, 1973, S. 201), sondern beantwortet auch die Frage nach den geistigen Grundlagen des Straßburger Dichters mit der These: »Nicht bei Bernhard von Clairvaux und nicht bei den häretischen Schwarmgeistern des Neomanichäismus sind die geistigen Väter Gotfrids von Straßburg zu suchen. Sondern der Raum, dem sein Denken am stärksten verpflichtet erscheint, ist die frühscholastische Dialektik des 12. Jahrhunderts, und der Mann, dem er als einem schicksalhaft geistesverwandten Modell in diesem Raume begegnen mußte, war Abaelard« (S. 215f.). C. Stephen *Jaeger* wiederum erklärt: »Gottfried [...] has his intellectual roots in the Humanism of the 12th century, but his work leaves the background far behind his ultimate thrust« (1977, S. 189). Der Rückgriff auf den Humanismus des 12. Jh.s entspricht einer von der philosophie- und theologiegeschichtlichen Forschung in jüngerer Zeit vollzogenen Höherwertung der Ansätze zu humanistischer Autonomie gegenüber vielfach ablehnenden Beurteilungen, wie sie früher begegneten. Obwohl *Jaeger* zugleich apodiktisch feststellt, es gäbe nicht »a shred of convincing evidence«, um Gottfried mit der Häresie der Katharer in Verbindung zu bringen (S. 190), ist diese Frage doch keineswegs entschieden. Nach wie vor ist umstritten, ob die Religiosität des ›Tristan‹ Ausdruck theologischer Orthodoxie oder christlicher (letztlich wohl unchristlicher?) Häresie, häretischer Theologie ist. Es war der Kulturphilosoph Denis de

Rougemont, der in seinem Buche ›L' amour et l' occident‹ (1939) als erster zwar nicht speziell in Gottfrieds Roman, wohl aber in der mittelalterlichen Tristandichtung insgesamt den sich aus der Häresie der Katharer herleitenden prägenden dualistischen Zug hervorgehoben hat, den dann Gottfried *Weber* als weltanschauliche Grundstruktur von Gottfrieds Werk herausarbeitete. Nachdem diese von vielen mit großer Zurückhaltung betrachtete oder überhaupt in Abrede gestellte geistige Nähe des ›Tristan‹ zur katharischen Häresie im Jahre 1969 durch Werner *Betz* eine – wenn auch in den Einzelheiten nicht unanfechtbare – Stütze erhalten hat, ist jüngst von Hans *Bayer* (Gralsburg und Minnegrotte. [...], 1978) der Versuch unternommen worden, noch weit über Gottfried *Weber* hinaus den Gottfriedschen ›Tristan‹ als ein ganz von manichäisch-bogomilisch-katharischem Gedankengut getragenes und gespeistes Werk zu erweisen und Gottfried selbst – identisch mit Gunther von Pairis (vgl. oben, S. 6 f.) – als einen Anhänger der katharischen Lehre, und zwar nicht nur als einen der einfachen *credentes*, sondern als einen aus dem engeren Kreise der *perfecti*. Die von *Bayer* behaupteten Übereinstimmungen sind freilich oft recht vage, gegen manche Einzeldeutungen lassen sich sachliche Einwände erheben, und im Ganzen sind die von ihm für seine These angeführten Nachweise in ihrer Fülle eher verwirrend als klärend. Es ist darum nicht zu erwarten, daß *Bayer* der ›Tristan‹-Deutung mit seiner Untersuchung neue Wege eröffnet hat.

2) In einer Hinsicht nur ein Teilproblem aus diesem großen Komplex, in anderer allerdings ein selbständiges Problem ist der in Gottfrieds Dichtung so wichtige Begriff des *edelen herzen*. Ein Teilproblem des soeben angedeuteten ist es, soweit es sich um die Herleitung dieses Gottfriedschen Begriffs handelt. Überwiegend nimmt man seit Friedrich *Vogt* (1908) an, daß eine Analogiebildung zur *anima nobilis*, der *edelen sêle* der Mystik vorliege (vgl. oben, S. 72; ebd. über die abweichende Position von Olive *Sayce*), eine Ansicht, die namentlich durch Julius *Schwietering* bekräftigt worden ist, wobei konträr zu der Möglichkeit, das Verhältnis von *edelem herzen* und *edeler sêle* als analogia entis aufzufassen (so *Schwietering*), die Möglichkeit besteht, mit einer analogia antithetica zu rechnen (so Gottfried *Weber*). Zu dieser Zurückführung des Begriffs der *edelen herzen* auf die Mystik hat in jüngerer Zeit (1971) mit Hermann *Kunisch* ein guter Kenner der Mystik – mit entschiedener Ablehnung von *Schwieterings* Position – Stellung genommen: »Von der *edelen sêle* der Mystik [...] führt kein Weg zu Gottfrieds *edelen herzen*« (S. 430; ähnlich auch S. 447). Dennoch bleibt die Verwurzelung des Gottfriedschen Begriffs in der

Mystik gegenüber der gleichfalls vertretenen Anknüpfung an die antike, vom Christentum übernommene und ins Mittelalter tradierte Vorstellung vom Geistes- und Tugendadel (*nobilitas cordis*) oder an Ovids Unterscheidung zwischen der Minderheit edler Liebender und der großen Mehrzahl der anderen oder auch an altfranzösische oder provenzalische Wendungen wie *gentil cuer* das Wahrscheinlichere, zumindest im Sinne der dominanten Tradition, wie die gründliche Untersuchung von Klaus *Speckenbach* (1965) noch einmal erhärtet hat. Ein selbständiges Problem ist es, insofern es um den Inhalt und den Geltungsbereich des Begriffs geht. Als *edele herzen* werden sowohl Gestalten der Dichtung wie deren Hörer oder Leser bezeichnet. Gottfried führt den Begriff der *edelen herzen* erstmals innerhalb des Prologs, v. 47, ein und erörtert dann im folgenden, was die *edelen herzen* ausmache: daß sie nämlich das Leid als notwendigen Bestandteil der Minne zwar nicht anstreben, aber vollauf bejahen, wodurch sie von *ir aller werlde* (v. 50), d. h. der durchschnittlichen höfischen Welt, unterschieden sind, *diu keine swaere enmüge getragen / und niwan in vröuden welle sweben* (v. 52f.). Dabei ist zu beachten, daß auch und gerade den *edelen herzen* höfische Bildung und ästhetische Sensibilisierung eignet. Hierüber besteht weithin Konsens. Dagegen ist die Antwort auf die Frage kontrovers, ob sich der Begriff der *edelen herzen* auf die Gesamtheit der Rezipienten des Gottfriedschen Romans bezieht oder nur auf einen kleinen Kreis von ihnen, eine begrenzte, wenngleich nicht ständisch gebundene, Aristokratie des Geistes. Beide Ansichten sind in der Forschung vertreten worden, ohne daß eine allgemein durchgedrungen wäre.

3) Ein weiteres Problem der ›Tristan‹-Interpretation, das sich an die Frage nach Gottfrieds geistigen Quellen anschließt und sich zum Teil in sie einfügt, ist das Verhältnis des Dichters zur Antike. Daß Gottfried nicht nur mit der lateinischen Poetik des Mittelalters, sondern auch mit antiken Dichtern, an erster Stelle mit Ovid, vertraut war, ist sicher (s. dazu u. a. die ältere Arbeit von Wilhelm *Hoffa*, ZfdA 52, 1910). Es handelt sich aber weniger um das Vorhandensein der sog. antiken Elemente im ›Tristan‹, d. h. um die Anspielungen auf die antike Mythologie und sonstige literarische Reminiszenzen, sondern im Entscheidenden geht es darum, wie tief die innere Begegnung mit der Antike in Gottfrieds Roman greift, in welchem Ausmaß der Ideengehalt des ›Tristan‹ durch sie geprägt ist. Eine große Bedeutung hat dem antiken Geistesgut im ›Tristan‹ Alois *Wolf* zugesprochen (1956). Die Hinwendung zum Sinnenhaften und das Zurücktreten des Religiösen führt er auf die Antike zurück. Was in der ›Tristan‹-Forschung, vor allem im

Anschluß an *Schwietering*, meist ausschließlich als mystisches Gut betrachtet wird, die Liebes- und Einungsformeln, findet sich nach *Wolf*, längst verweltlicht, in der lateinischen Liebesdichtung des Mittelalters, die zu einem erheblichen Teil auf Ovid zurückgeht. Dieser Auffassung steht auch die von Peter *Ganz* nahe (1971). Unter ausdrücklicher Anzweiflung der »Abhängigkeit [Gottfrieds] von der Bernhardinischen und Viktorinischen Mystik« erklärt er: »Die Bilder und Topoi in der Sprache Gottfrieds, die man direkt aus der Mystik herleiten will, sind [...] der lateinischen und, zum Teil auch, der französischen weltlichen Literatur des zwölften Jahrhunderts bekannt« (S. 411; vgl. jetzt auch den guten Überblick über antike und zeitgenössische Einflüsse auf Gottfried, den Peter *Ganz* in seiner Einleitung zu der von ihm neu bearbeiteten ›Tristan‹-Ausgabe Reinhold *Bechsteins* gegeben hat [1978, S. XXIVff.). So verdienstlich es ist, auf die Bedeutung des klassischen wie des mittellateinischen Geistesgutes für den ›Tristan‹ hinzuweisen, weil dieser Gesichtspunkt in der Forschung zeitweilig zu wenig Berücksichtigung gefunden hat, so darf man doch nicht die anderen geistigen Kräfte, in denen Gottfrieds Ideen wurzeln, zu gering veranschlagen und an die Stelle eines komplexen geistigen Quellgrundes, in dem Mystik wie antikes Erbe Komponenten von wahrscheinlich unterschiedlichem Gewicht sind, eine einsträngige Ableitung setzen wollen. Peter *Ganz* hat denn auch seine Hauptthese insofern eingeschränkt, als er konstatiert: »In der Bildersprache Gottfrieds stehen antik-ovidische und christlich-religiöse Elemente nebeneinander« (S. 412).

4) Seitdem in der Interpretation des ›Tristan‹ die religiösen und die theologischen Aspekte nicht mehr jene zentrale Stellung innehaben, die die geistesgeschichtliche Forschung ihnen beigelegt hatte, sind von manchen Interpreten zwei andere – teilweise miteinander verbundene – Problemkreise zu einer ähnlichen Schlüsselrolle für das Verständnis von Gottfrieds Position und Intention erhoben worden: das Verhältnis des Dichters zum Höfischen und der (vermeintlich) stadtbürgerliche Grundcharakter des ›Tristan‹. Vielfach nimmt man an, Gottfried stehe der höfischen Welt distanziert, kritisch oder gar scharf ablehnend gegenüber. Genannt seien in diesem Zusammenhang die Untersuchungen von Georg *Keferstein* (1936), des österreichischen Historikers Friedrich *Heer* (Die Tragödie des Heiligen Reiches, 1952), von Gottfried *Weber* (1953, auch schon früher), Wolfgang *Spiewok* (1962) und Werner *Betz* (1969). Georg *Keferstein* meint: »Gottfried hält Gericht über die höfische Welt und ihre Moral, gerade indem er sie äußerlich anerkennt« (GRM 24, 1936, S. 432), Gottfried *Weber* spricht von

der »Morbidität des Höfischen« im ›Tristan‹, und Werner *Betz* hat
für Gottfried die griffige Formulierung »Kritiker höfischer Kultur
und Advokat religiöser erotischer Emanzipation« gefunden. Demgegenüber hat Maria *Bindschedler* die wahrscheinlich überra-
schende Ansicht vertreten, Gottfried gehöre einer geistigen Welt
an, »für die der Begriff des ›Höfischen‹ höchste Würde besitzt«
(Beitr. 76 [Halle], 1955, S. 30). Sittlichkeit und Gesellschaftlichkeit
seien für Gottfried von Straßburg, nicht anders als für Chrétien de
Troyes, ein und dasselbe (S. 28). Und da sie glaubt, Gottfried habe
das im höfischen Sinne richtige Verhalten seiner Helden darstellen
wollen, für die das Ideal des Maßes (im Sinne der höfischen *mâze*)
gelte (S. 1f.), geht auch ihre Interpretationsabsicht dahin, überall
im ›Tristan‹ Höfisch-Vorbildliches zu suchen und zu finden. In
einer ausführlichen und ausgewogenen Besprechung der Untersuchung Maria *Bindschedlers* hat Friedrich *Ohly* (AfdA 68, 1955/56,
S. 119–130) die mangelnde Fundierung ihres ›Tristan‹-Verständnis-
ses, etwa aufgrund der ungenügenden Berücksichtigung der unterschiedlichen Ausprägung des *êre*-Begriffs, aufgezeigt, und Werner
Schwarz hat im gleichen Jahr, in dem *Bindschedler* ihre Arbeit
veröffentlicht hat, in seiner Amsterdamer Antrittsvorlesung (Gottfrieds von Straßburg ›Tristan und Isolde‹, 1955) den Status des
Höfischen im ›Tristan‹ viel schärfer und wohl richtiger gesehen.
Auch in den folgenden Jahren ist das Fragwürdige der ›Tristan‹-
Deutung Maria *Bindschedlers* einsichtig gemacht worden.

In jüngster Zeit hat Herbert *Kolb* darauf hingewiesen, wie
notwendig es ist, in dieser strittigen Frage eine wichtige Unterscheidung zu treffen, nämlich zwischen Gottfrieds Sicht und Wertung des Hofes und der Höflinge einerseits und des Höfischen
andererseits (ZfdA 106, 1977). »Die Wirklichkeit des Hofes im
›Tristan‹ kann nicht ohne weiteres in Bezug gesetzt werden zu der
Eigenschaft des Höfischen, die bei Gottfried mehr als bei den
anderen Dichtern seiner Zeit über den Charakter der bloßen Zuge-
hörigkeit zum Hof hinausgeht und zusätzlich dazu einen Habitus
und eine Qualität bedeutet« (S. 242). »Der Hof umfaßt Gute und
Böse, das Höfische aber ist auch bei Gottfried ein Inbegriff unein-
geschränkt guter Eigenschaften« (S. 243), und der Dichter habe uns
»kein Anzeichen dafür hinterlassen, daß das Höfische von ihm
anders als mit Anerkennung und Einverständnis beurteilt worden
sei« (ebd.). *Kolbs* Warnung, die Wirklichkeit des Hofes mit der
ästhetisch-ethischen Qualität des Höfischen gleichzusetzen, ist an
sich berechtigt. Daß Gottfried die Realität des Hofes und der
höfischen Gesellschaft sehr nüchtern gesehen und bloßgelegt hat –
eine Feststellung, die kaum bestritten werden kann –, erlaubt nicht

einfach die Folgerung, daß er das Höfische als solches negativ bewertet habe. Doch es erhebt sich die Frage, wo dieses unabhängig von der Sphäre des Hofes, außerhalb der höfischen Gesellschaft verwirklicht werden könnte. Nach Gottfrieds Auffassung ist das Höfische wohl tatsächlich etwas Werthaftes, aber es ist ein Wert, dessen Realisierung im Hier und Jetzt der konkreten höfischen Gesellschaft fraglich ist. An einem zunächst vorbildlichen Repräsentanten des höfisch-verfeinerten, ästhetisch-kultivierten Lebensstils, der zugleich Repräsentant der politischen Welt ist, an Marke, zeigt Gottfried, daß dieser, obwohl Verkörperung der *hövescheit*, nicht nur als Liebender, sondern in einer wirklichen Krisensituation seines Landes auch als König versagt, ja daß es gerade die höfischen Eigenschaften und Vorzüge (*tugende*) sind, die ihn daran hindern, die ihm als Herrscher zukommenden Aufgaben erfüllen zu können. So dürfte es auch in diesem Bereich eine der Erkenntnisse der neueren Bemühungen um Gottfrieds ›Tristan‹ sein, daß keine pauschalen Urteile möglich sind, sondern differenzierte Urteile nottun, was in sich schließt, daß sie jeweils nur eine partielle Gültigkeit beanspruchen können.

5) Ist es richtig, daß Gottfried eine weitreichende und tiefgreifende Kritik an der höfischen Welt geübt hat, dann stellt sich die Frage, ob dies eine Kritik aus der Sicht eines Stadtbürgers ist und inwieweit Gottfrieds ›Tristan‹ nicht nur nach dem Ort seiner Entstehung, sondern auch innerlich als eine bürgerliche Dichtung gelten kann. Mit großer Entschiedenheit hat zunächst und vor allem Wolfgang *Spiewok* (1962) im ›Tristan‹ eine Auseinandersetzung mit bestimmten Elementen der feudalen Gesellschaft und deren Ideologie gesehen, deren materielle und geistige Basis Gottfried beim Bürgertum gefunden habe, dem er selbst angehörte. Nach *Spiewok* ist der ›Tristan‹ das bedeutendste Beispiel für den Durchbruch der (damals) progressiven bürgerlichen Ideologie in der herkömmlichen literarischen Form. Hans-Hugo *Steinhoff* hat nachweisen können (WW 17, 1967), daß *Spiewok* seine These vom Text her unzureichend und zum Teil recht gewaltsam abgesichert hat. Auffällig ist besonders auch die starre ideologische Grundlage, der Dogmatismus von *Spiewoks* seinerzeitiger Position. Daß er selbst jetzt eine viel differenziertere und flexiblere Betrachtungsweise vertritt, zeigt sein programmatischer Aufsatz »Deutsche Literatur des Mittelalters. Gegenstandsbestimmung – Gegenstandsgliederung – Gegenstandsvermittlung« (ZfG 1, 1980, S. 95–106), in dem es z. B. heißt: »Das Aufdecken von Anfängen frühbürgerlicher Literatur darf aber keineswegs mißverstanden werden als Aufdecken überlegener ästhetischer Werte, zumal auf

dem Felde der Kunst keine scharfen Grenzen zwischen ›feudal‹ und ›bürgerlich‹ gezogen werden können [...]; Neuerertum zeigt sich – wie etwa bei Gottfried von Straßburg – oft nur keimhaft, eingebettet in stabile feudalhöfische Kunsttraditionen« (S. 102) – eine Einsicht, die nicht zuletzt der ›Tristan‹-Deutung zugute kommen dürfte. Eine umfassende »sozialliterarische Interpretation« des ›Tristan‹, die teilweise zu verwandten Ergebnissen führt wie die *Spiewoks*, hat neuerdings (1977) Rudolf Wolfgang *Raab* vorgelegt, und zwar ohne irgendwelche Bezugnahme auf *Spiewoks* Arbeit und offenbar auch ohne Kenntnis von ihr. Im Unterschied zu *Spiewok* geht *Raab* nicht von einer letztlich geschichtsphilosophischen Konzeption aus, sondern, stärker empirisch, vom konkreten »historischen Hintergrund«, einer Nachzeichnung der sozialgeschichtlichen Entwicklung der Stadt Straßburg und insbesondere von deren bürgerlichen Oberschicht. Auch *Raab* glaubt, das »bürgerliche Selbstverständnis« Gottfrieds und die »Bürgerlichkeit« seines ›Tristan‹ erwiesen zu haben, betont aber zugleich, daß Gottfrieds Denken außer-höfisch, nicht jedoch anti-höfisch sei (S. 66; s. andererseits S. 123: »Gottfrieds Kritik am Feudalismus«), Gottfrieds sozialer Standpunkt sei hof-fern, aber nicht unbedingt hof-feindlich (S. 107).

Die von *Raab* zugunsten seiner These angeführten Indizien und Kriterien sind von sehr unterschiedlichem Gewicht. Auf eines von ihnen empfiehlt es sich wenigstens kurz einzugehen, weil dieser Aspekt auch in ›Tristan‹-Deutungen mit ganz anderem Ausgangspunkt, z. B. in denen Friedrich *Maurers* und Gottfried *Webers*, eine große Rolle gespielt hat. Es ist der Begriff der *êre*. Man weiß nicht erst, aber doch gerade seit Friedrich *Maurer*, daß mhd. *êre*, auch in Gottfrieds ›Tristan‹, in erster Linie, wenngleich nicht ausschließlich, das Ansehen, die gesellschaftliche Geltung, die Reputation des Menschen bedeutet (während der Begriff im Spätmittelalter ›verbürgerlicht‹ und moralisiert wird). *Raab* stellt demgegenüber die semantische Entwicklung sozusagen auf den Kopf, indem er nun gerade in dem *êre*-Begriff der höfischen Feudalgesellschaft und ihrer Dichtung ein »Synonym für ethisches Handeln und Denken« sieht (S. 83), *êre* im Sinne des Ansehens, der öffentlichen Wertschätzung, als »Äquivalent des guten Rufs« (S. 85) dagegen als eine bürgerliche Definition der *êre* oder schlechthin als »bürgerliche *êre*« bezeichnet (S. 85). Und da er diesen Inhalt des Begriffs im ›Tristan‹ findet, kommt er zu der eindeutig unhaltbaren Behauptung, daß Gottfrieds Konzept der *êre* »eine bürgerliche Vorstellung ist und dem heutigen Begriff nahezu gleicht« (S. 92). Was den höfischen *êre*-Begriff im ›Tristan‹ von dem in der zeitgenössischen höfischen Literatur unterscheidet, ist dies, daß es im Zuge der fortschreitenden Handlung zu einer Aufspaltung in äußere und innere *êre* kommt, während sonst außen und innen, Erscheinung und Substanz in Korrelation und Harmonie zueinander stehen.

Um die eigentümliche Stellung von Gottfrieds ›Tristan‹ im Kontext der höfischen Literatur zum Ausdruck zu bringen – der er zugehört und innerhalb deren er doch unverkennbar ein Werk sui generis ist –, hat Karl *Bertau* in ausdrücklicher Analogie zu der für Neidharts Lyrik gängigen Bezeichnung »höfische Dorfpoesie« die Charakterisierung »höfische Stadtpoesie« geprägt (Deutsche Literatur im europäischen Mittelalter, Bd. II, 1973, S. 906/907). Es dürfte angemessener sein, statt dessen von »städtischer Hofpoesie« zu sprechen. Denn »Stadtpoesie« ist der ›Tristan‹ wohl nicht, wenn diese Benennung auf mehr zielt als auf den Ort der Entstehung des Romans. Der Gottfriedsche ›Tristan‹ ist eine höfische Dichtung, die aber – nach der begründeten Meinung mancher Interpreten – durch die gesellschaftlichen Verhältnisse in Straßburg und die Sicht eines seiner Herkunft nach stadtbürgerlichen Dichters inhaltlich auf eine bestimmte Weise geprägt, vielleicht auch in ihrer ›Höfik‹ perspektivisch (oder kritisch) gebrochen ist. Dazu noch ein Letztes. Die gerade am Beispiel Gottfrieds von Straßburg geführte Diskussion über höfische und bürgerliche Dichtung im hohen Mittelalter ist von vornherein durch die beliebte Koppelung oder sogar Gleichsetzung der Begriffe »ritterlich« und »höfisch« belastet, eine Gleichsetzung, die irrig und irreführend ist, sowohl hinsichtlich des Standes der Dichter – *clerici* haben bekanntlich, angefangen mit Chrétien de Troyes, einen beträchtlichen Anteil an der höfischen Literatur, und sehr wahrscheinlich hat ja auch Gottfried zu ihnen gehört (vgl. oben, S. 7) – wie im Hinblick auf die Auftraggeber und die Rezipienten. Sowenig für das 13. Jh. die Kontrastierung von höfischer und bürgerlicher Dichtung und vollends die Konstruktion eines Antagonismus zwischen ihnen berechtigt ist, sowenig ist es die Ineinssetzung von ritterlicher und höfischer Literatur. Mit Recht hat Joachim *Bumke* konstatiert: »Selbst für den engeren Bereich der höfischen Dichtung haben die Städte eine größere Rolle gespielt, als meistens angenommen wird. Die Landesfürsten haben nämlich ihre Residenzen zunehmend in die Städte verlegt« (Mäzene im Mittelalter. [...], 1979, S. 283). Es gibt eben nicht allein eine ritterliche oder geburtsständisch-aristokratische höfische Dichtung, sondern auch eine städtisch-patrizische höfische Dichtung. Von daher wird noch einmal deutlich, wie fragwürdig es ist, wenn Rudolf Wolfgang *Raab* aus seiner Untersuchung das Fazit zieht, »daß Gottfrieds ›Tristan‹ sich nicht als ›höfisch‹ erklären läßt« (S. 163), und wenn er abschließend meint, es habe »eine hochmittelalterliche bürgerliche Literatur« existiert, »die im Kontrast zu einer hochmittelalterlichen Feudalliteratur steht« (S. 164). Zumindest für das frühe 13. Jh., die Zeit Gottfrieds, ist das eine bloße Behauptung.

6) Wenn es zu den Kennzeichen neuerer ›Tristan‹-Deutungen gehört, daß in ihnen manche Erkenntnisse und für gesichert gehaltene Positionen der vorausgegangenen Forschung in Frage gestellt werden, dann trifft dies auch zu für das Problem des Beginns der Liebe zwischen Tristan und Isold und, damit eng zusammenhängend, für die Bestimmung der Funktion des Minnetrankes. Friedrich *Ranke* hat im Jahre 1925 mit einer oft zitierten Formulierung erklärt, Gottfried entwickele den Minnetrank »vom mechanischen Erklärungsprinzip, vom Trank, der Liebe wirkt, einen Schritt weiter zum Symbol hin, zum Trank, der Liebe bedeutet« (Tristan und Isold, S. 204), und nach Julius *Schwietering*, dessen Meinung als weithin repräsentativ für diese Phase der Forschung gelten darf, verhilft der Trank nur dem, was innerlich vorbereitet war, zum Durchbruch, er »führt zum Bewußtsein und zur Gewißheit« (Die deutsche Dichtung des Mittelalters, S. 184; ähnlich auch schon *Ranke*). Daß eine keimhaft-unbewußte Liebe zwischen Tristan und Isolde längst vor dem Genuß des Minnetranks vorhanden gewesen sei, ist dann zunächst von H. *Furstner* (1957) und A. T. *Hatto* (ebenfalls 1957 und nochmals 1960 in der Einleitung zu seiner ausgezeichneten englischen ›Tristan‹-Übersetzung), danach von Walter Johannes *Schröder* (1967), Peter F. *Ganz* (1970) und Thomas *Schröer* (1971) bestritten worden. Diese Auffassung hat sich inzwischen weitgehend durchgesetzt, ohne daß sie als zweifelsfrei erwiesen gelten könnte. Zum Beispiel hat Wolfgang *Spiewok* (1962) an der alten Ansicht festgehalten, die sogar einen gewichtigen Stellenwert innerhalb seiner Gesamtdeutung des ›Tristan‹ hat. Dabei ist die Basis der Argumentation von A. T. *Hatto* und Th. *Schröer* sehr schmal und für eine Entscheidung in dieser Frage allein nicht ausreichend, zumal, wie in jüngerer Zeit Herbert *Herzmann* hervorgehoben hat (Euph. 70, 1976, S. 83), *Hattos* erste Stütze für seine These, das Lied MF 37,4, auch völlig anders gedeutet werden kann, als *Hatto* das getan hat. Zwar kann man nicht mit Julius *Schwietering* sagen, in Gottfrieds Roman seien »Tristan und Isolde längst vor dem Trank zur Liebe erwacht« (S. 184). Gerade das Erwachen zur Liebe vor dem Trank ergibt sich nicht aus dem Text, wenngleich es – entgegen der Meinung *Furstners* – durchaus nicht an Hinweisen auf ein gegenseitiges erotisches Angerührtsein von Tristan und Isolde fehlt, wobei die Stelle v. 9650–9657 (besonders aufschlußreich der letzte Vers!) von den meisten Forschern, auch von *Furstner*, übersehen wird. Wesentlich ist, daß Gottfried durch die Art seines Erzählens überdeutlich

gemacht hat, daß Tristan und Isolde für die Liebe zueinander prädisponiert sind. Kurt *Ruhs* Vorschlag, hier zwischen Disposition und Aktualisierung zu unterscheiden (AfdA 89, 1978, S. 123), trifft in der Tat den Kern des Problems, mag es auch überspitzt sein, zu formulieren, »daß Gottfried in den über 10000 Versen, die dem Minnetrank vorangehen, zur Hauptsache nichts anderes getan hat, als die je auf den zukünftigen einzigartigen Partner bezogene Liebesdisposition der Protagonisten aufzubauen« (ebd.).

Herbert *Herzmann* hat mit Recht darauf hingewiesen, daß die Diskussion über den Beginn der Liebe zwischen Tristan und Isolde von grundsätzlicher Bedeutung ist, weil mit ihr die wichtige Frage angeschnitten wird, »in welchem Maße die Dichter der ›Blütezeit‹ zur Gestaltung psychologischer Vorgänge imstande waren« (Euph. 70, 1976, S. 73). Es war für diese Diskussion seit den späten zwanziger Jahren wenig glücklich, psychologische Vorstellungen des 19. und 20. Jh.s an den ›Tristan‹ heran- und in ihn hineinzutragen; aber ebenso verfehlt war es dann, einige Jahrzehnte später den mittelhochdeutschen Dichtern und zumal Gottfried von Straßburg Einsichten in seelische Vorgänge und »Entwicklungen« und die Fähigkeit zu ihrer dichterischen Gestaltung abzusprechen.

Der Minnetrank hat in Gottfrieds ›Tristan‹ eine reale Existenz, er ist nicht verblaßt zum bloßen hinweisenden Zeichen. Darum muß er jedoch nicht die Ursache, die *causa causans* der Liebe sein – sehr wahrscheinlich ist er nur das sie auslösende Moment. Dabei hat der Straßburger Dichter unverkennbar danach gestrebt, den Trank zu »entstofflichen« und zu »verbegrifflichen«, d. h., mehr zu betonen, was er bedeutet, als das, was er ist (v. 11672–11676; dazu Gerhard *Schindele*, Tristan. [...], 1971, S. 62). Überdies hat Gottfried das Motiv des zauberhaften Trankes dadurch zurückgedrängt, daß er im Zusammenhang mit dem Betrugsmanöver in der Brautnacht das letzte Mal auf ihn Bezug nimmt, ganz im Gegensatz zu Eilhart von Oberg (wobei die Annahme, daß er gegen Ende der Dichtung noch einmal von dem Trank gesprochen hätte, manches für sich hat).
Es hat nicht an Forschern gefehlt, die – nachdem die Ansicht communis opinio geworden war, daß der Trank nicht die Ursache der Liebe zwischen Tristan und Isolde sei – die Meinung vertreten haben, er sei eigentlich überflüssig und seine Beibehaltung durch Gottfried befremdlich, ja störend (so etwa schon Gustav *Ehrismann* in seiner Literaturgeschichte, II, 2, 1, S. 316). Die richtige Antwort auf dieses Bedenken findet sich schon in einer Arbeit von Adolphe *Bossert* aus dem Jahre 1902: »Le philtre est aussi inséparable de la légende de Tristan que la pomme l'est de l'histoire de Guillaume Tell. Le retrancher, c'est démarquer le sujet, en faire une aventure commune« (La légende chevaleresque de Tristan et

Iseult, S. 253). Und wenn Gottfried es unterlassen hat, die unbe-
wußte Liebe zwischen Tristan und Isolde vor dem Genuß des
Minnetrankes explizit zu bezeichnen, dann wohl darum, um die
Unausweichlichkeit der Minne, die Urgewalt der *gewaltaerinne*
Minne, die die Menschen übermächtigt und aus ihrer Bahn wirft –
wobei die Protagonisten dieses Schicksal aber in ihren Willen
aufnehmen und bejahen –, um so mehr zu betonen. Darüber, daß
es auf jeden Fall nicht die mangelnde Fähigkeit zu psychologischer
Gestaltung war, die Gottfried darauf verzichten ließ, vom Erwachen oder gar dem Durchbruch der Liebe in Tristan und Isolde vor
dem Minnetrank zu erzählen, sollte man sich unschwer verständi-
gen können. Ob sich freilich in der Frage nach dem Beginn des
gegenseitigen erotischen Angerührtseins der beiden Protagonisten
und nach der Funktion des Minnetrankes in der Gottfried-Forschung alsbald wieder eine so nahezu einhellige Meinung herausbil-
den wird, wie sie einerseits vor *Ranke* und andererseits vor *Furst-*
ner im großen und ganzen vorhanden war, ist derzeit noch offen.

7) Als ein weiteres Interpretationsproblem seien die reflektierenden Partien im ›Tristan‹ genannt, beginnend mit dem inhaltlich
sehr gewichtigen Prolog, der in den letzten Jahren außergewöhn-
lich oft und intensiv untersucht worden ist, über die wiederholt in
die Erzählung eingeflochtenen kürzeren Betrachtungen, bis hin zu
den umfangreichen Exkursen einschließlich der sog. Literaturschau, der die jüngste Forschung ein so starkes Interesse entgegen-
gebracht hat, daß hierfür Frederick *Normans* Wort gilt: »Die
Literatur über diese Frage wächst bedenklich an« (bei ihm bezogen
auf die literarische Fehde zwischen Gottfried und Wolfram). Viele
mittelalterliche Erzähldichtungen bauen sich wenn nicht ganz, so
doch überwiegend auf dem Geschehen, auf der Handlung auf (z. B.
auch Eilharts ›Tristrant‹). In Gottfrieds Roman stehen dagegen
zwischen den die Handlung berichtenden Partien zum Teil weit-
ausgreifende Betrachtungen und Reflexionen des Erzählers, und es
erhebt sich die Frage, welche Funktion die Exkurse im Werk,
welche Bedeutung sie für sein Verständnis haben und welches
Gewicht für die Strukturierung der Sinnaussage jeweils dem Hand-
lungsbericht und den theoretisierend-reflektierenden Partien
zukommt. Bereits Forscher wie Helmut *de Boor* (1940) und Friedrich *Maurer* (1951) haben die Bedeutung der Exkurse sehr hoch
veranschlagt, und neuerdings hat Karl *Bertau* im 2. Band seiner
Literaturgeschichte (1973) geradezu erklärt, Gottfried sei im
Grunde kein ›Epiker‹: »Er ist eher ein allegorisierender Kommen-
tator« (S. 932), und sehr dezidiert: »Das Erzählen der Handlung ist
durchaus Beiwerk« (S. 930). Genau den gegenteiligen Standpunkt

vertritt Michael S. *Batts* (Gottfried von Strassburg, 1971), der betont, daß die Handlung in der mittelalterlichen Literatur Bedeutung hat oder Bedeutung ist (S. 44). Das ist zweifellos richtig – in der mittelalterlichen Erzähldichtung, auch in Gottfrieds ›Tristan‹, wird Bedeutung (zunächst) in der und durch die Handlung manifestiert. Man wird *Batts* auch noch zustimmen, wenn er im Hinblick auf die Interpretation des Gottfriedschen Romans meint: »All too often, the author's or narrator's comments are weighed too heavily against the meaning of the action or the statements of the characters« (ebd.). Problematisch ist hingegen *Batts'* weitere Ansicht, daß es sich bei Gottfrieds »didactic divagation« oft um »platitudinous discussions« handele. Es dürfte nicht strittig sein, daß eine umfassende Interpretation des ›Tristan‹ beides berücksichtigen und gegeneinander abwägen muß: das Geschehen und die seiner Fügung inhärente Sinnaussage auf der einen Seite und die ausdrückliche Reflexion des Erzählers auf der anderen, wobei man sich grundsätzlich für die Einsicht offenhalten sollte, daß sie nicht voll und ganz übereinstimmen müssen, ja daß sie miteinander kontrastieren, einander widersprechen können. Friedrich *Maurer* hat sich für die Einheit von Handlung und Exkursen ausgesprochen, während Lore *Peiffer* doch wohl klargestellt hat, daß in den großen Minne-Exkursen des ›Tristan‹ die *minne* anders gesehen wird, als sie sich in der Handlung verwirklicht, nämlich als ein rationales, ethisch gefärbtes Gegengewicht gegen die irrationale Tristanminne. Wichtig bei der Bewertung der reflektierenden Partien ist nicht zuletzt, daß man ihre Gewichtigkeit abstuft. Manche sind in der Tat mehr beiläufiger Art, andere enthalten zentrale Äußerungen zum Verständnis des ›Tristan‹ (nicht unbedingt den Schlüssel für dieses). Dies gilt zumal für die drei großen Minne-Exkurse (v. 12183 bzw. 12187–12357 [die sog. Minnebußpredigt]; v. 16923–17099 [die Minnegrottenallegorese]; v. 17858–18114 [über die *huote* und die *minne*]). Diese drei Exkurse sind überdies, wie jüngst noch einmal Ferdinand *Urbanek* gezeigt hat (ZfdPh 98, 1979) rhetorische Glanzstücke, hochartifizielle Partien, von Gottfried nach dem Muster der drei mittelalterlichen *genera praedicandi* abgefaßt als säkular verfremdende Kontrafaktur der geistlichen Buß-, Lehr- und Lobpredigt über das ungeistliche Zentralthema des Werkes, die erotische Geschlechterliebe (*Urbanek*, S. 358).

8) Als letztes Beispiel für strittige Fragen der ›Tristan‹-Deutung sei das Problem des fehlenden Schlusses der Dichtung skizziert. Für die Interpretation des Gottfriedschen Romans bedeutet sein fragmentarischer Charakter verständlicherweise eine erhebliche Schwierigkeit, schon darum, weil durchaus nicht sicher ist (wenn-

gleich diese Annahme vorherrscht), daß Gottfried sich im Ablauf der Handlung auch fernerhin an Thomas angeschlossen hätte. Außerdem wäre selbst bei im wesentlichen gleichem Handlungsverlauf eine andere Sinndeutung durch den Dichter möglich. Indes beschäftigt sich die Forschung weniger mit diesem Aspekt als mit zwei anderen Fragen, nämlich, warum Gottfried wohl seine Dichtung nicht vollendet habe – und ob Gottfrieds Roman überhaupt Fragment, Torso sei. Den Anstoß, sich das vorzeitige Abbrechen des ›Tristan‹ anders zu erklären als durch den von Gottfrieds erstem Fortsetzer, Ulrich von Türheim, ausdrücklich zur Begründung angeführten Tod des Straßburger Meisters (vgl. oben, S. 1), gab Julius *Schwietering* in seiner ›Deutschen Dichtung des Mittelalters‹ (1932ff., S. 186). Mit der von der Sachlage gebotenen und seinem Naturell entsprechenden Vorsicht spricht *Schwietering* sich dafür aus, Gottfried habe seine Niederschrift oder das Diktat seiner Dichtung unterbrochen, weil er, an seine Vorlage gebunden, vorerst keinen gangbaren Weg gefunden habe, die Erzählung gemäß seiner Grundkonzeption zu Ende zu führen. Gottfried hat im Prolog die Erzählung von der Liebe zwischen Tristan und Isold programmatisch als eine solche von *reinen triuwen* bezeichnet (v. 178; vgl. v. 231: *ir triuwe, ir triuwen reinekeit*). Nun mußte er von Tristans Apostasie, von seiner Eheschließung mit Isolde Weißhand berichten (mag diese Ehe zunächst auch nicht vollzogen worden sein). Damit aber tut sich nach *Schwieterings* Meinung für Gottfried eine Aporie auf, vor deren etwaiger späteren Auflösung den Dichter, wie Ulrich von Türheim bezeugt, der Tod ereilt haben mag. Nahezu gleichzeitig mit *Schwietering* hat Friedrich *Knorr*, radikaler formulierend als dieser, erklärt, es sei sicherlich nicht der Tod gewesen, der dem Dichter die Feder aus der Hand genommen habe (ZfDk 50, 1936, S. 10), was er folgendermaßen begründet: Vor Isolde Weißhand gerate Tristan in schwerste innere Zweifel im Hinblick auf die Gemeinschaft der Liebe. Mit dem Ausblick auf dieses Dunkel aber sei des Dichters Kraft erschöpft, er habe keinen Ausweg gekannt und so die Dichtung ohne Schluß gelassen – mithin eine Überlegung, die der *Schwieterings* nicht unähnlich ist. Später hat sich Gottfried *Weber* im Rahmen seiner breit angelegten Gesamtdeutung des ›Tristan‹ und in konsequenter Ausführung seiner zentralen These dafür ausgesprochen, »daß Gottfried an den ungeheueren Spannungen, die in ihm lebten, vorzeitig zerbrochen ist« (Bd. I, 1953, S. 306); möglicherweise habe der Dichter, als er fürchten mußte, in den Straßburger Ketzerprozeß des Jahres 1212 hineingezogen zu werden, es vorgezogen, »aus dieser (ihm ohnehin wesenlos gewordenen) Welt zu scheiden« (ebd.) – eine Deutung, die *Weber* selbst nur als Annahme verstanden wissen will, wie sich aus dem Text seiner Untersuchung eindeutig ergibt. Für diese und ähnliche Überlegungen gilt eben *Webers* Vorbehalt: »Alles Biographische bleibt im besonderen Ausmaße Hypothese« (S. 307). Hält man den ›Tristan‹ für ein Werk, das der Dichter nicht vollendet hat – so die von der gegenwärtigen Forschung ganz überwiegend vertretene Auffassung –,. dann ist die Vermutung, daß ein uns unbekanntes Geschick, also wohl der Tod, Gottfried daran gehindert habe, den Roman zu Ende zu führen, nach wie vor die nächstliegende Erklärung. Daß Gottfrieds Tod dabei in eine aus äußeren (oder inneren) Gründen notwendig gewordene Schaffenspause fällt, ist möglich, aber weder sicher noch auch nur wahrscheinlich zu machen.

Es hat jedoch nicht an Forschern gefehlt, die die These vertreten, Gottfrieds ›Tristan‹ sei so, wie er überliefert ist, vollendet. Als erste hat Maria Jacoba *Hartsen* in einer kleinen und wenig beachteten Arbeit aus dem Jahre 1938 (Der Zwiespalt in Gottfrieds Tristan und die Einheit der ritterlich-höfischen Kultur) die Ansicht geäußert, Gottfried habe das vorliegende Ende oder vielmehr die »Endungslosigkeit« der Dichtung vielleicht bewußt gewollt (S. 9). Daß Gottfrieds Dichtung »innerlich vollendet« sei, ist sodann die Position von Magda *Heimerle* (Gottfried und Thomas. Ein Vergleich, 1942, S. 164; vgl. S. 162 ihre Kennzeichnung des Werkes als »ein organisches Fragment«). Der zweite Teil des Thomasschen Romans sei »durch die von Anbeginn an anders angelegte innere Entwicklung« der beiden Hauptgestalten in Gottfrieds ›Tristan‹ »unmöglich gemacht« (S. 162). Noch entschiedener hat die These, der ›Tristan‹ sei nicht Torso, sondern abgeschlossen, Bodo *Mergell* verfochten (1949), und diese Auffassung ist vor allem mit seinem Namen verbunden. Nach *Mergell* ist es unwahrscheinlich, daß Gottfrieds ›Tristan‹ etwa im Sinne seiner Vorlage hätte fortgesetzt werden sollen (S. 152). Ja, ganz dezidiert formuliert er: »Es darf [...] als ausgeschlossen gelten, daß Gottfried den Tristanroman [...] bis zum Ende habe nacherzählen wollen« (S. 188; vgl. S. 177 und S. 195). Bodo *Mergell* ist mit seiner Deutung allgemein auf Ablehnung gestoßen. Es ist in der Tat ein kaum nachvollziehbarer Gedanke, Gottfried habe seinen Roman so angelegt, daß die Erzählung mitten in den Reflexionen Tristans über seine Stellung zwischen der blonden und der weißhändigen Isolde hätte aufhören sollen: *nu ruochet sî mîn cleine, / die ich minne unde meine / mê danne sêle unde lîp. / durch sî mîde ich al ander wîp / und muoz ir selber ouch enbern. / ine mac von ir niht des gegern, / daz mir zer werlde solte geben / vröude unde vrôlîchez leben* (v. 19541–19548).

Die Endsituation ist durchaus offen und erfordert – von der Bindung Gottfrieds an seine Quelle und den Erwartungen seiner Hörer ganz abgesehen – trotz aller von Gottfried geleisteten psychologischen Vertiefung der Minneproblematik aus sich heraus die Weiterführung der Handlung. Und jede Spekulation über den Fragmentroman als bewußt intendierte und gepflegte Form der mittelalterlichen Literatur ist anachronistisch. Differenzierter, aber auch unklarer, als *Mergell* hat sich neuerdings (1976), nachdem die Diskussion über dieses Problem lange Zeit hindurch beendet schien, Dietmar *Peschel* zur Frage des Fragment-Schlusses in Gottfrieds ›Tristan‹ geäußert. Er formuliert seinen »Eindruck«, Tristans letzter Monolog höre an einer Stelle auf, an der der Protagonist »noch nicht fertig« sei (S. 196). »Die Figur Tristan ist auf die Möglichkeit einer Fortsetzung hin entwickelt, aber es gibt, außer dem Stoffzwang, keinen rechten Grund; sie würde vieles, was Gotfrit schon ausführlich diskutiert hat, vermutlich inhaltlich wiederholen müssen« (S. 197). Und dann doch wohl den von Gottfried gewollten Fragment-Schluß behauptend: »Erst nachdem sie [Tristan und Isold] allein sind, können sie in Monologen für sich sagen, was sie voneinander wollen und nicht wollen. Im Tod könnten sie einig sein. Zu dieser Erkenntnis braucht es nicht die Ausführung von Tristans Geschichte mit der zweiten Ysot, braucht es auch keine weiteren Begegnungen mit der ersten, wie sie andere Fassungen haben« (S. 199). Es hat (bis jetzt) nicht den Anschein, als ob *Peschel* mit seinem Verständnis des ›Tristan‹-Schlusses breitere Zustimmung finden würde als seinerzeit Bodo *Mergell*.

Gegen die Annahme, der ›Tristan‹ sei innerlich und darum auch äußerlich vollendet, wird u. a. das Initialenkryptogramm des Romans angeführt. Schon Friedrich Heinrich *von der Hagen* hat beobachtet, daß das durch Initialen bezeichnete Akrostichon des ›Tristan‹-Eingangs durch die gesamte Dichtung fortgeführt wird, doch war er noch zu keiner zureichenden Deutung gelangt. Diese verdanken wir erst Carl von *Kraus* (ZfdA 50, 1908) und Jan Hendrik *Scholte* (Beitr. 65, 1942). Danach symbolisieren die Initialen in kunstvoller Verschlingung die Verschlungenheit der Schicksale von Tristan und Isolde und jenes Einswerden der beiden Liebenden, das Gottfried in seinem Werk gestaltet hat und das sich im Tod der Protagonisten vollendet hätte:

T I	v. 41, 45	I O	v. 5099, 5103
I T	v. 131, 135	O I	v. 5177, 5181
R S	v. 1791, 1795	S L	v. 12431, 12435
S R	v. 1865, 1869	L S	v. 12503, 12507

Es handelt sich jeweils um die Anfangsbuchstaben der in unregelmäßigen Abständen in den Text eingefügten Vierreimstrophen und des folgenden Reimpaarverses. Wie die Dichtung selbst bricht auch das ›Umarmungsspiel‹

(*Scholte*) ab, ohne vollendet zu sein, und eben dies gilt als Indiz für den von Gottfried nicht gewollten fragmentarischen Charakter des Werkes. Dieses so einfache wie einleuchtende Kriterium kann allerdings nur mit erheblichem Vorbehalt angeführt werden. Dietmar *Peschel* erklärt geradezu, die Initialen seien »kein Beweis für oder gegen eine von Gotfrit geplante Fortführung seines Textes über das Überlieferte hinaus« (S. 123). Denn die Initialensetzung ist nicht nur in den Handschriften nicht ganz einheitlich, vielmehr gibt es neben den ineinandergeschlungenen namenkonstituierenden Initialen weitere, die nicht in diese Namensreihe hineinpassen. Um zu der von J. H. *Scholte* und anderen gezogenen Schlußfolgerung zu gelangen, ist man also genötigt, einen Teil der Initialen der Handschriften unberücksichtigt zu lassen. Karl *Bertau* vermutet (Deutsche Literatur im europäischen Mittelalter, Bd. II, 1973, S. 934), daß auch die außerhalb des ›Umarmungsspiels‹ stehenden Initialen »zu einem Kryptogramm zusammentreten sollten, hätte das Werk seinen Abschluß gefunden«. Dessen Sinn ist uns aber verborgen.

Daß in der Interpretation des ›Tristan‹ nach wie vor, ja mehr denn je, zentrale Fragen offen sind, wird aus den im Vorangehenden skizzierten acht Beispielen hinlänglich deutlich geworden sein, und ihre Reihe ließe sich noch beträchtlich verlängern. Dazu sind hier nur noch ein paar knappe Hinweise möglich. Zu behandeln wäre z. B. (9.) die Funktion der Kunst, insbesondere der Musik, im ›Tristan‹ und die Bedeutung des Künstlertums gerade für die Wesensart Tristans selbst und damit zusammenhängend das Problem, inwiefern die Dichtung von Tristan und Isold als ›Künstlerroman‹ verstanden werden kann (so Wolfgang *Mohr*, Euph. 53, 1959). Zu sprechen wäre (10.) über Isoldes Gottesurteil und Gottfrieds Kommentar zu dessen Ausgang (v. 15733–15750), selbstverständlich eine der wichtigsten Stellen, die Aufschluß über das Gottesbild des ›Tristan‹ geben können. Handelt es sich bei Gottfrieds Äußerung, zumal über den *vil tugenthaften Crist,* der *wintschaffen alse ein ermel ist* (v. 15735f.), um eine Blasphemie, gar einen »im Kern völlig eindeutigen Angriff auf Christus als den Inbegriff aller *tugenden*« (Gottfried *Weber,* Bd. I, 1953, S. 124), oder steht Gottfried, indem er die Manipulierbarkeit Gottes im Ordal aufzeigt, umgekehrt in Übereinstimmung mit der Spitze der Kirche (Verbot der Gottesurteile durch das 4. Laterankonzil im Jahre 1215), oder aber richtet sich Gottfrieds Kritik gegen das naive und anthropomorphe Gottesbild der höfischen Gesellschaft – eine Auffassung, die in der neueren Forschung mehrfach vertreten worden ist (Rosemary Norah *Combridge* [1959], Dietmar *Mieth* [1976], Thomas *Kerth* [1978])? Eine besonders ausführliche Darstellung erforderte (11.) die Minnegrotte und ihre Allegorese, wobei sich mehrere Teilfragen unterscheiden lassen: die nach den

Grundlagen oder dem Vorbild Gottfrieds für Gestaltung und Ausdeutung der Grotte; die nach der Funktion der Minnegrottenepisode für die Entfaltung der Minneproblematik im ›Tristan‹; das Problem der Beschreibung der von Wildnis umgebenen höfischen Ideallandschaft, in die wiederum die Minnegrotte eingebettet ist. Zu der ersten Teilfrage haben wir bereits oben (S. 75) voneinander abweichende Forschungspositionen erwähnt, von denen allein der ›theologische‹ Deutungsansatz (im Anschluß an Friedrich *Ranke*) und der weltlich-literarische Herbert *Kolbs* Bedeutung haben. Diese müssen übrigens einander keineswegs ausschließen. *Kolb* selbst hat hervorgehoben: »Daß allegorische Darstellungsweise in der Dichtung des Mittelalters – und also auch bei Gottfried und in den französischen Kleinepen – *letzten Endes* aus der Theologie stammt, unterliegt gar keinem Zweifel« (Euph. 56, 1962, S. 247 = WdF, Bd. 320, S. 332 [die Hervorhebung bei *Kolb*]), und vieles dürfte für die vermittelnde Ansicht Dietmar *Mieths* sprechen: »Vielleicht unterscheidet man am besten zwischen direkter profanliterarischer Einwirkung und indirekter theologisch-literarischer Einwirkung« (1976, S. 176, Anm. 26).

All diese und weitere Beispiele belegen die sich in der jüngeren Forschung mehr und mehr durchsetzende Einsicht, die Peter *Ganz* in der Einleitung zu seiner ›Tristan‹-Ausgabe so formuliert hat: »Eine eindeutige Intention des Werks ist uns bis heute noch nicht faßbar geworden« (S. IX). Natürlich erhebt sich die Frage nach dem Grund oder den Gründen für die »Uneindeutigkeit der Sprache Gottfrieds« (Dietmar *Mieth*, S. 213), d. h. die Frage, warum die Aussagen des Textes, gerade dort, wo es um die zentrale Thematik und Problematik geht, ambivalent, ja plurivalent sind, so daß sie sich jedem Versuch einer eindeutigen Festlegung verweigern. Auch dies ist ein Problem der ›Tristan‹-Interpretation (das 12., auf das wir exemplarisch hinweisen). Dient dieses Mehrdeutige, Mehrdeutbare Gottfrieds eigenem Schutz, ist es ein bewußtes Verschleiern seiner wahren Absichten und Ansichten, zu dem ihn der gefährliche (häretische) Inhalt seiner Dichtung angesichts einer möglichen kirchlichen Anklage von vornherein nötigte (vgl. oben, S. 29), oder ist es eher (oder überhaupt) die Folge von Gottfrieds ›Spieltrieb‹, seiner Freude am Spielen mit der Sprache (mit Wortbedeutungen, Begriffen und Bildern), des Vergnügens, den Aussagen einen schwebenden Charakter zu geben, und auch des Vexierspiels mit seinem Publikum – oder könnten sich nicht auch beide Antriebe miteinander verbinden? Die erste Möglichkeit ist geknüpft an ein bestimmtes Verständnis des ›Tristan‹, an eine interpretatorische Vorentscheidung (vgl. oben, S. 85). Dagegen unterliegt es keinem Zweifel, daß die im ›Tristan‹ begegnende Erzählhaltung des Dichters in erheblichem Ausmaß als Spielhaltung und Ironie gekennzeichnet werden kann (s. dazu die Dissertation von Ilse *Clausen*, Der Erzähler in Gottfrieds ›Tristan‹, 1970). Doch entschieden zu weit geht es, den ganzen ›Tristan‹ unter einer »ironic perspective« zu sehen (so Ruth *Goldschmidt Kunzer*, 1973). Gottfried hat keineswegs seinen Roman insgesamt unter das Vorzeichen der Ironie gestellt, so daß der eben erwähnte Versuch, aufgrund eines hypertrophen Ironiebegriffs den ›Tristan‹ schlechthin als ironische Dichtung zu verstehen, wie wohl allgemein geurteilt wird, mißlungen ist.

Das Fazit aus alledem: Es gibt nicht *die* ›Tristan‹-Deutung, und es kann sie nicht geben, sondern nur einander ergänzende, noch mehr freilich: derzeit einander noch widersprechende Deutungen des weitaus bedeutendsten mittelalterlichen Liebesromans in deutscher Sprache. So gilt nach wie vor jene Feststellung, die Gottfried im viel umstrittenen Prolog zu seiner Version des ›Tristan‹ getroffen hat:

> *Ich weiz wol, ir ist vil gewesen,*
> *die von Tristande hânt gelesen;*
> *und ist ir doch niht vil gewesen,*
> *die von im rehte haben gelesen.* (v. 131–134)

Die folgende Bibliographie, die durch die Literaturangaben zu den vorangegangenen Kapiteln ergänzt wird, ist bewußt als Auswahlbibliographie angelegt. Von älteren Arbeiten berücksichtigt sie durchweg nur besonders wichtige. Zur Gegenwart hin (und namentlich in der Erfassung der Literatur der siebziger Jahre, die Hans-Hugo *Steinhoff* in seiner grundlegenden Bibliographie nicht mehr berücksichtigt hat) wird sie breiter, ohne daß eine auch nur einigermaßen lückenlose Aufzählung der fast unübersehbar großen Zahl von Untersuchungen in unserer Absicht gelegen hätte.

a) Ausgaben und Übersetzungen des ›Tristan‹:
a₁: Ausgaben:

Vollständige ›Tristan‹-Ausgaben veranstalteten:
Christoph Heinrich *Myller (Müller)*, 1785; Eberhard von *Groote*, 1821; Friedrich Heinrich *von der Hagen*, 1823; Hans Ferdinand *Massmann*, 1843, unveränderter Nachdruck 1977; Reinhold *Bechstein*, 1869/70, ⁵1930 (= Deutsche Classiker des Mittelalters, Bd. 7 und 8), neu herausgegeben von Peter *Ganz*, 1978 (= Deutsche Klassiker des Mittelalters. Neue Folge, Bd. 4, zwei Teile) [mit gediegener Einleitung und reichhaltigen Wort- und Sacherklärungen]; Wolfgang *Golther*, 2 Bde., 1888/89 (= Kürschners DNL, Bd. 4, 2.3); Karl *Marold*, 1906, ²1912 (= Teutonia. 6), 3. Abdruck, mit einem durch F. Rankes Kollationen erweiterten und verbesserten Apparat besorgt und mit einem Nachwort versehen von Werner *Schröder*, 1969, unveränderter 4. Abdruck 1977; Friedrich *Ranke*, 1930, jetzt verbesserte Nachdrucke, besorgt von Eduard *Studer*, ¹⁴1969.
Gottfried von Straßburg: Tristan. Ausgewählte Abbildungen zur Überlieferung, hg. von Hans-Hugo *Steinhoff*, 1974 (= Litterae. 19).
Gottfried von Straßburg: Tristan und Isolde. Vollständiges Faksimile des Cgm 51 der Bayerischen Staatsbibliothek München, 2 Bde. (Bd. 1: Faksimile, Bd. 2: Textband mit Beiträgen von Ulrich *Montag* und Paul *Gichtel*), 1979.

a₂: Übersetzungen ins Neuhochdeutsche:

›Tristan‹-Übersetzungen lieferten: Hermann *Kurz (Kurtz)*, 1844, ²1847, ³1877, neu herausgegeben 1925, bearbeitet von Wolfgang *Mohr*, 1979 (= GAG, 290); Karl *Simrock*, 1855, ²1875 [nicht Simrocks beste Leistung]; Wilhelm *Hertz*, 1877, zahlreiche spätere Ausgaben; Karl *Pannier*, 1901; Günter *Kramer*, 1966, ²1970, ³1976; Xenja von *Ertzdorff*, Doris *Scholz*, Carola *Voelkel*, 1979 (= UTB. 858); Rüdiger *Krohn*, 3 Bde., 1980 (= RUB. 4471/72/73) [mit dem mhd. Text nach Friedrich Ranke; der 3. Band enthält einen ausgezeichneten Stellenkommentar und eine als ›Nachwort‹ überschriebene Einführung in die Problemlage].
Eine zusammenfassende Prosanacherzählung des ›Tristan‹ (mit dem Rankeschen Text) durch Gottfried *Weber* in Verbindung mit Gertrud *Utzmann* und mit Wort- und Begriffserklärungen von Werner *Hoffmann* erschien 1967.

Verwiesen sei auch auf die Übersetzung des ›Tristan‹ ins Englische, die Arthur Thomas *Hatto* in der Reihe ›The Penguin Classics‹ vorgelegt hat (zuerst 1960) und die in ihrer philologischen Zuverlässigkeit alle bis dahin erschienenen deutschen Übersetzungen übertraf. Neuerdings gibt es auch eine Übersetzung ins Französische von Danielle *Buschinger* und Jean-Marc *Pastré*, 1980 (= GAG, Nr. 207).

b) Bibliographien:

Heinz *Küpper*: Bibliographie zur Tristansage, 1941. [Dazu J. *Horrent*, in: Revue belge de philologie et d'histoire 23, 1944, S. 357–363 (bietet S. 360–363 Ergänzungen).]

Hans-Hugo *Steinhoff*: Bibliographie zu Gottfried von Straßburg, 1971 (= Bibliographien zur deutschen Literatur des Mittelalters, hg. von Ulrich Pretzel und Wolfgang Bachofer, H. 5).

Von den periodischen Bibliographien sind am wichtigsten:

Bibliographie der deutschen Sprach- und Literaturwissenschaft, hg. von Clemens Köttelwesch.

Germanistik. Internationales Referatenorgan mit bibliographischen Hinweisen.

Bulletin bibliographique de la Société internationale arthurienne.

c) Forschungsberichte und forschungsgeschichtliche Darstellungen:

Heinz *Küpper*: Les études françaises sur la légende de Tristan et Iseut, in: RG 26, 1935, S. 322–335; 27, 1936, S. 23–36.

Hans *Fromm*: Zum gegenwärtigen Stand der Gottfried-Forschung, in: DVjs. 28, 1954, S. 115–138.

Harold Douglas *Dickerson*: A Survey of Critical Commentary on Gottfried's ›Tristan‹, Diss. Ohio State University, 1967.

Edith G. *Reinnagel*: Gottfried-Forschung im 20. Jahrhundert, Diss. Graz, 1967 [Masch.-Schr.].

Rosemary *Picozzi*: A History of Tristan Scholarship, 1971 (= Kanadische Studien zur deutschen Sprache und Literatur, No. 5).

Reiner *Dietz*: Der ›Tristan‹ Gottfrieds von Straßburg. Probleme der Forschung (1902–1970), 1974 (= GAG, Nr. 136).

Beatrice Margaretha *Langmeier*: Forschungsbericht zu Gottfrieds von Straßburg ›Tristan‹ mit besonderer Berücksichtigung der Stoff- und Motivgeschichte für die Zeit von 1759–1925, 1978 (= Diss. Fribourg 1976).

d) Wörterbücher:

Emil *Schlageter*: Reimwörterbuch zu Gottfrieds ›Tristan‹, 1926 (= Münchener Texte, Ergänzungsreihe: Reimwörterbuch, H. VI).

Melvin E. *Valk*: Word-Index to Gottfried's ›Tristan‹, 1958.

David *Dalby*: Lexicon on the Mediæval German Hunt. A Lexicon of Middle High German terms (1050–1500), associated with the Chase, Hunting with Bows, Falconry, Trapping, and Fowling, 1965.

e) Darstellungen Gottfrieds in Literaturgeschichten:

Friedrich *Vogt*: Geschichte der mittelhochdeutschen Literatur. I. Teil, ³1922, S. 316–363.

Gustav *Ehrismann*: Geschichte der deutschen Literatur bis zum Ausgang des Mittelalters. Zweiter Teil: Die mittelhochdeutsche Literatur, II: Blütezeit, erste Hälfte, 1927, unveränderter Nachdruck 1954, S. 297–336.

Julius *Schwietering*: Die deutsche Dichtung des Mittelalters, 1932ff., unveränderter Nachdruck 1957 (= Handbuch der Literaturwissenschaft, hg. von Oskar Walzel), S. 183–194.

Hermann *Schneider*: Heldendichtung, Geistlichendichtung, Ritterdichtung, ²1943, S. 312–327.

Hugo *Kuhn* in: Annalen der deutschen Literatur. […], hg. von Heinz Otto Burger, 1952, ²1971, S. 167–171.

Helmut *de Boor*: Die höfische Literatur. Vorbereitung, Blüte, Ausklang (= Geschichte der deutschen Literatur von den Anfängen bis zur Gegenwart von H. de B. und Richard Newald, Bd. 2) [zuerst 1953], ¹⁰1979, S. 121–138 (dazu Bibliographie S. 439–446).

Kurt Herbert *Halbach*: Epik des Mittelalters, in: DPh, Bd. II, ²1960, 2., unveränderter Nachdruck 1979, Sp. 581–592.

W. T. H. *Jackson*: Die Literaturen des Mittelalters. Eine Einführung, 1967, S. 156–169 (Titel der amerikanischen Originalausgabe: The Literature of the Middle Ages, 1960).

Karl *Bertau*: Deutsche Literatur im europäischen Mittelalter. Bd. II: 1195–1220, 1973, S. 918–965.

Max *Wehrli*: Geschichte der deutschen Literatur vom frühen Mittelalter bis zum Ende des 16. Jahrhunderts, 1980, S. 262–271.

Kurt *Ruh*: Höfische Epik des deutschen Mittelalters. Zweiter Teil: ›Reinhart Fuchs‹, ›Lanzelet‹, Wolfram von Eschenbach, Gottfried von Straßburg, 1980 (= Grundlagen der Germanistik. 25), S. 203–261.

f) Gesamtdeutungen des ›Tristan‹ und Einzelprobleme:

Richard *Heinzel*: Über Gottfried von Straßburg, in: ZföG 19, 1868, S. 533–563; wieder abgedruckt in: R. H., Kleine Schriften, 1907, S. 18–63.

Wilhelm *Dilthey*: Gottfried von Straßburg, in: W. D., Von deutscher Dichtung und Musik. Aus den Studien zur Geschichte des deutschen Geistes, ed. 1933, ²1957, S. 131–144.

Wilhelm *Hoffa*: Antike Elemente bei Gottfried von Straßburg, in: ZfdA 52, 1910, S. 339–350.

Barbara *Jansen*: ›Tristan‹ und ›Parzival‹. Ein Beitrag zur Kulturgeschichte des Mittelalters, Diss. Utrecht, 1923.

Friedrich *Ranke*: Tristan und Isold, 1925 (über Gottfried von Straßburg S. 176–232).

Ders.: Gott, Welt und Humanität in der deutschen Dichtung des Mittelalters, o. J. [1952] (besonders S. 33ff.).

Emil *Nickel*: Studien zum Liebesproblem bei Gottfried von Straßburg, 1927, unveränderter Nachdruck 1978.

Hermann *Schneider*: Gottfried von Straßburg, in: Elsaß-Lothring. Jb. 6, 1927, S. 136–148.

Gottfried *Weber*: Wolfram von Eschenbach. Seine dichterische und geistesgeschichtliche Bedeutung. Bd. 1: Stoff und Form, 1928 (über Gottfried von Straßburg S. 218–248).

Ders.: Gottfrieds ›Tristan‹ in der Krise des hochmittelalterlichen Weltbildes um 1200, in: ZfdA 82, 1948/50, S. 335–388.

Ders.: Gottfrieds von Straßburg ›Tristan‹ und die Krise des hochmittelalterlichen Weltbildes um 1200, 2 Bde., 1953.

Ders.: Wolframs von Eschenbach Antwort auf Gotfrids von Straßburg ›Tristan‹. Zur Grundstruktur des ›Willehalm‹, 1975 (= Sitzungsberichte der Wissenschaftl. Gesellschaft an der Johann Wolfgang Goethe-Universität Frankfurt am Main, Bd. XII, Nr. 5).

Hans *Fehr*: Das Recht in der Dichtung, o. J. [1931] (über den ›Tristan‹ S. 141–151).

Giovanni Vittorio *Amoretti*: Il ›Tristan‹ di Gottfried von Strassburg, 1934 (das 3. Kapitel ›L'Artista‹ wieder abgedruckt in: G. V. A., Saggi Critici, 1962, ²1968, S. 197–225).

Friedrich *Knorr*: Gottfried von Straßburg, in: ZfDk 50, 1936, S. 1–17.

Georg *Keferstein*: Die Entwertung der höfischen Gesellschaft im ›Tristan‹ Gottfrieds von Straßburg, in: GRM 24, 1936, S. 421–440.

Hans *Glunz*: Die Literarästhetik des europäischen Mittelalters, 1937, unveränderter Nachdruck 1963 (über Gottfried von Straßburg v. a. S. 296–303).

Maria Jacoba *Hartsen*: Der Zwiespalt in Gottfrieds ›Tristan‹ und die Einheit der ritterlich-höfischen Kultur, 1938.

Denis *de Rougemont*: L'amour et l'occident, 1939, ³1962; deutsche Übersetzung u. d. T.: Die Liebe und das Abendland, 1966.

Helmut *de Boor*: Die Grundauffassung von Gottfrieds ›Tristan‹, in: DVjs. 18, 1940, S. 262–306; wieder abgedruckt in: H. de B., Kleine Schriften, Bd. 1, 1964, S. 136–172, und in: WdF, Bd. 320, 1973, S. 25–73.

Jost *Trier*: Gotfrid von Straßburg, in: Die Welt als Geschichte 7, 1941, S. 72–83.

Julius *Schwietering*: Der ›Tristan‹ Gottfrieds von Straßburg und die Bernhardische Mystik, 1943 (= Abh. d. Preuß. Akad. d. Wiss., phil.-hist. Kl., Nr. 5); wieder abgedruckt in: J. Sch., Mystik und höfische Dichtung im Hochmittelalter, 1960, ²1962, S. 1–35, und in: J. Sch., Philologische Schriften, 1969, S. 339–361.

Ders.: Gottfrieds ›Tristan‹, in: J. Sch., Philologische Schriften, 1969, S. 426–437 (englische Fassung in: GR 29, 1954, S. 5–17).

Max *Wehrli*: Der ›Tristan‹ Gottfrieds von Straßburg, in: Triv. 4, 1946, S. 81–117; wieder abgedruckt in: WdF, Bd. 320, 1973, S. 97–134.

Ders.: Das Abenteuer von Gottfrieds ›Tristan‹, in: M. W., Formen mittelalterlicher Erzählung. Aufsätze, 1969, S. 243–270.

Hans-Günther *Nauen*: Die Bedeutung von Religion und Theologie im ›Tristan‹ Gottfrieds von Straßburg, Diss. Marburg, 1947.

Bodo *Mergell*: Tristan und Isolde. Ursprung und Entwicklung der Tristansage des Mittelalters, 1949. [Dazu Max *Wehrli*, AfdA 65, 1951/52, S.

118–126, wieder abgedruckt in: WdF, Bd. 320, 1973, S. 135–146; Gottfried *Weber*, Bd. I, S. 24–27, und Bd. II, S. 22–30.]

Wolfram *Wilss*: Die Beziehungen zwischen Hartmann von Aue und Gottfried von Straßburg, Diss. Tübingen, 1950 [Masch.-Schr.].

Friedrich *Maurer*: Leid. Studien zur Bedeutungs- und Problemgeschichte, besonders in den großen Epen der staufischen Zeit, 1951, ⁴1969 (S. 205–262: Das Leid im ›Tristan‹ Gottfrieds von Straßburg).

Friedrich *Heer*: Die Tragödie des Heiligen Reiches, 1952 (über Gottfried besonders S. 335ff.).

Eva *Görlach*: Die Persönlichkeit Hartmanns, Wolframs und Gottfrieds in ihren Werken, Diss. Würzburg, 1952 [Masch.-Schr.].

Hans *Goerke*: Die Minnesphäre in Gottfrieds ›Tristan‹ und die Häresie des Amalrich von Bena, Diss. Tübingen, 1952 [Masch.-Schr.].

Ludwig *Wolff*: Die mythologischen Motive in der Liebesdarstellung des höfischen Romans, in: ZfdA 84, 1952/53, S. 47–70; wieder abgedruckt in: L. W., Kleinere Schriften zur altdeutschen Philologie, 1967, S. 143–164.

Alois (Gratian) *Wolf*: Tristan-Studien. Untersuchungen zum Minnegedanken im ›Tristan‹ Gottfrieds von Straßburg, Diss. Innsbruck, 1953 [Masch.-Schr.].

Ders.: Zur Frage des antiken Geistesgutes im ›Tristan‹ Gottfrieds von Straßburg, in: Innsbrucker Beiträge zur Kulturwissenschaft, Bd. 4, 1956, S. 45–53.

Ders.: *diu wâre wirtinne – der wâre Elicôn.* Zur Frage des typologischen Denkens in volkssprachlicher Dichtung des Hochmittelalters, in: ABÄG 6, 1974, S. 93–131.

W. T. H. *Jackson*: The Role of Brangaene in Gottfried's ›Tristan‹, in: GR 28, 1953, S. 290–296.

Ders.: Tristan the Artist in Gottfried's Poem, in: PMLA 77, 1962, S. 364–372; in deutscher Übersetzung u. d. T.: Der Künstler Tristan in Gottfrieds Dichtung wieder abgedruckt in: WdF, Bd. 320, 1973, S. 280–304.

Ders.: The Anatomy of Love: The ›Tristan‹ of Gottfried von Strassburg, 1971.

Ders.: Artist and Performance in Gottfried's ›Tristan‹, in: Tristania 1, Nr. 2, 1975, S. 3–20.

Gerhard *Meissburger*: Tristan und Isold mit den weißen Händen. Die Auffassung der Minne, der Liebe und der Ehe bei Gottfried von Straßburg und Ulrich von Türheim, 1954.

Ders.: Vorläufige Bemerkungen zur Funktion Gottes in Gottfrieds ›Tristan‹, in: Studien zur deutschen Literatur und Sprache des Mittelalters. Festschrift für Hugo Moser zum 65. Geburtstag, 1974, S. 135–141.

Maria *Bindschedler*: Der ›Tristan‹ Gottfrieds von Straßburg, in: DU 6, 1954, H. 5, S. 65–76.

Dies.: Gottfried von Straßburg und die höfische Ethik, in: Beitr. 76 (Halle), 1955, S. 1–38 (auch gesondert erschienen). [Dazu Friedrich *Ohly*, AfdA 68, 1955/56, S. 119–130; wieder abgedruckt in: WdF, Bd. 320, 1973, S. 182–198.]

Werner *Schwarz*: Gottfrieds von Straßburg ›Tristan und Isolde‹. Rede, 1955.

Ders.: Studien zu Gottfrieds ›Tristan‹, in: Festschrift für Ingeborg Schröbler zum 65. Geburtstag (= Beitr. 95 [Tüb.], Sonderheft), 1973, S. 217–237.

Rainer *Gruenter*: Das *guldine lougen*. Zu Gotfrids ›Tristan‹, vv. 17536–17556, in: Euph. 55, 1961, S. 1–14.

Ders.: Der Favorit. Das Motiv der höfischen Intrige in Gotfrids ›Tristan und Isold‹, in: Euph. 58, 1964, S. 113–128.

Ders.: *Daz ergest und daz beste*. Zu Gotfrids ›Tristan und Isold‹ vv. 11645–13096, in: Medieval German Studies. Presented to Frederick Norman, 1965, S. 193–200.

Julius *Richter*: Zur ritterlichen Frömmigkeit der Stauferzeit, in: Wolfram-Jahrbuch 1956, S. 23–52 (S. 33–52: Der Mensch zwischen Gott und Welt in Gottfrieds Tristandichtung).

H. B. *Willson*: ›Vicissitudes‹ in Gottfried's ›Tristan‹, in: MLR 52, 1957, S. 203–213.

Ders.: The Old and the New Law in Gottfried's ›Tristan‹, in: MLR 60, 1965, S. 212–224.

H. *Furstner*: Der Beginn der Liebe bei Tristan und Isolde in Gottfrieds Epos, in: Neophil. 41, 1957, S. 25–38.

Arthur Thomas *Hatto*: *Der minnen vederspil Isot,* in: Euph. 51, 1957, S. 302–307; wieder abgedruckt in: WdF, Bd. 320, 1973, S. 209–217, und in: A. T. H., Essays on Medieval German and other Poetry, 1980, S. 260–266, dazu Anmerkungen S. 353–354.

Herbert *Riedel*: Musik und Musikerlebnis in der erzählenden deutschen Dichtung, 1959 (über den ›Tristan‹ S. 172–199).

Rosemary Norah *Combridge*: Das Recht im ›Tristan‹ Gottfrieds von Straßburg, 1959 (Diss. Münster 1957), ²1964 (= PhStQ, H. 15).

André *Moret*: Le problème de l'interprétation du ›Tristan‹ de Gottfried, in: Mélanges de linguistique et de philologie. Fernand Mossé in memoriam, 1959, S. 322–329.

Wolfgang *Mohr*: ›Tristan und Isold‹ als Künstlerroman, in: Euph. 53, 1959, S. 153–174; wieder abgedruckt in: WdF, Bd. 320, 1973, S. 248–279.

Conrad *Borovski*: L'ironie et l'humour chez Gottfried de Strasbourg, Diss. Straßburg, 1960 [Masch.-Schr.].

Franzjosef *Pensel*: Rechtsgeschichtliches und Rechtssprachliches im epischen Werk Hartmanns von Aue und im ›Tristan‹ Gottfrieds von Straßburg, Diss. Humboldt-Univ. Berlin, 1961 [Masch.-Schr.].

Petrus W. *Tax*: Wort, Sinnbild, Zahl im Tristanroman. Studien zum Denken und Werten Gottfrieds von Straßburg, 1961, ²1971 (= PhStQ, H. 8). [Dazu u. a. Gerhard *Meissburger*, Arch., Jg. 113, Bd. 198, 1961/62, S. 178–182; Ursula *Hennig*, Beitr. 83 (Tüb.), 1961/62, S. 362–373; Max *Wehrli*, ZfdPh 82, 1963, S. 414–418, wieder abgedruckt in: WdF, Bd. 320, 1973, S. 355–361; Ingrid *Hahn*, AfdA 75, 1964, S. 171–178.]

Ders.: Tristans Kampf mit Urgan in Gottfrieds Werk: Eine Psychomachie der Liebe?, in: Michigan German Studies 3, 1977, S. 44–53.

Wolfgang *Spiewok*: Das Tristan-Epos Gottfrieds von Straßburg und die

Grundzüge der hochmittelalterlichen deutschen Dichtung zwischen 1150 und 1250, Habil.-Schr. Greifswald, 1962 [Masch.-Schr.]; vgl. auch *Spiewoks* Autorreferat, WZGreifswald 12, 1963, S. 277–282. [Dazu Hans-Hugo *Steinhoff*, Gottfried von Straßburg in ›marxistischer‹ Sicht. Bemerkungen zu einer neuen ›Tristan‹-Interpretation, in: WW 17, 1967, S. 105–113.]

Mario *Pensa*: Il ›Tristano‹ di Gottfried von Strassburg, 1963.

Theodorus Cornelis *van Stockum*: Die Problematik des Gottesbegriffs im ›Tristan‹ des Gottfried von Straßburg, 1963.

Friedrich *Neumann*: Warum brach Gottfried den ›Tristan‹ ab?, in: Festgabe für Ulrich Pretzel, 1963, S. 205–215.

Ingrid *Hahn*: daz lebende paradis (Tristan 17858–18114), in: ZfdA 92, 1963/64, S. 184–195.

Friedrich Wilhelm *Wodtke*: Die Allegorie des »inneren Paradieses« bei Bernhard von Clairvaux, Honorius Augustodunensis, Gottfried von Straßburg und in der deutschen Mystik, in: Festschrift Josef Quint [...], 1964, S. 277–290.

Gisela *Hollandt*: Die Hauptgestalten in Gottfrieds ›Tristan‹. Wesenszüge – Handlungsfunktion – Motiv der List, 1966 (= PhStQ, H. 30).

Walter *Fuchs*: Der Tristanroman und die höfische Liebesnovelle, 1967 (= Diss. Zürich 1965).

Louise *Gnaedinger*: Musik und Minne im ›Tristan‹ Gotfrids von Straßburg, 1967 (= Beihefte zum WW. 19).

Dies.: Hiudan und Petitcreiu. Gestalt und Figur des Hundes in der mittelalterlichen Tristandichtung, 1971. [Auch zu den anderen Tristan-dichtungen.]

Walter Johannes *Schröder*: Der Liebestrank in Gottfrieds ›Tristan und Isolt‹, in: Euph. 61, 1967, S. 22–35; wieder abgedruckt in: W. J. Sch., rede und meine. Aufsätze und Vorträge zur deutschen Literatur des Mittelalters, 1978, S. 396–412.

Herbert *Kolb*: Der ware Elicon. Zu Gottfrieds ›Tristan‹ vv. 4862–4907, in: DVjs. 41, 1967, S. 1–26; wieder abgedruckt in: WdF, Bd. 320, 1973, S. 453–488.

Ders.: Der Hof und die Höfischen. Bemerkungen zu Gottfried von Straß-burg, in: ZfdA 106, 1977, S. 236–252.

Klaus *Peter*: Die Utopie des Glückes. Ein neuer Versuch über Gottfried von Straßburg, in: Euph. 62, 1968, S. 317–344.

Blake Lee *Spahr*: Tristan versus Morolt: Allegory against Reality?, in: Helen Adolf Festschrift, 1968, S. 72–85.

Louis *Gravigny*: Les interventions directs de Gottfried de Strasbourg dans ›Tristan‹, Diss. Paris, 1968 [Masch.-Schr.].

Werner *Betz*: Gottfried von Straßburg als Kritiker höfischer Kultur und Advokat religiöser erotischer Emanzipation, in: Festschrift für Konstan-tin Reichardt, 1969, S. 168–173; wieder abgedruckt in: WdF, Bd. 320, 1973, S. 518–525. [Vor allem zur Minnegrotte.]

Eckhard *Wilke*: Der Minnetrank im Stilgefüge von Gottfrieds ›Tristan‹, in: Acta Germanica 4, 1969, S. 17–38.

Ilse *Clausen*: Der Erzähler in Gottfrieds ›Tristan‹, Diss. Kiel, 1970.

Wolfgang *Herrmann*: Das Leib-Seele-Problem in Gottfrieds ›Tristan‹, Diss. Heidelberg, 1970 [Masch.-Schr. vervielf.].

Siegfried *Grosse*: *Vremdiu maere* – Tristans Herkunftsberichte, in: WW 20, 1970, S. 289–302.

John S. *Anson*: The Hunt of Love: Gottfried von Strassburg's ›Tristan‹ as Tragedy, in: Speculum 45, 1970, S. 594–607.

Peter F. *Ganz*: Minnetrank und Minne. Zu ›Tristan‹, Z. 11707f., in: Formen mittelalterlicher Literatur. Siegfried Beyschlag zu seinem 65. Geburtstag (= GAG, Nr. 25), 1970, S. 63–75.

Ders.: Tristan, Isolde und Ovid. Zu Gottfrieds ›Tristan‹ Z. 17182ff., in: Mediaevalia litteraria. Festschrift für Helmut de Boor zum 80. Geburtstag, 1971, S. 397–412.

Walter *Mersmann*: Der Besitzwechsel und seine Bedeutung in den Dichtungen Wolframs von Eschenbach und Gottfrieds von Straßburg, 1971 (= Medium Aevum, Bd. 22).

Lore *Peiffer*: Zur Funktion der Exkurse im ›Tristan‹ Gottfrieds von Straßburg, 1971 (= GAG, Nr. 31).

C. Stephen *Jaeger*: The Testing of Brangaene: Cunning and Innocence in Gottfried's ›Tristan‹, in: JEGPh 70, 1971, S. 189–206.

Ders.: Medieval Humanism in Gottfried von Strassburg's ›Tristan und Isolde‹, 1977.

Dieter *Welz*: Glück und Gesellschaft in den Artusromanen Hartmanns von Aue und im ›Tristan‹ Gottfrieds von Straßburg, in: Acta Germanica 6, 1971, S. 11–40.

Thomas *Schröer*: *Tristan unde Isot*, in: Euph. 65, 1971, S. 183–186.

Walter *Haug*: âventiure in Gottfrieds von Straßburg ›Tristan‹, in: Festschrift für Hans Eggers zum 65. Geburtstag (= Beitr. 94 [Tüb.], Sonderheft), 1972, S. 88–125.

Marianne *Wünsch*: Allegorie und Sinnstruktur in ›Erec‹ und ›Tristan‹, in: DVjs. 46, 1972, S. 513–538.

Ann *Snow*: Heinrich and Mark, two medieval voyeurs, in: Euph. 66, 1972, 113–127.

Haruhisa *Kozu*: Gottfrieds Minne-Auffassung. Eine vergleichende Untersuchung seines Wortpaars »liep und leit« mit Thomas und Reinmar, in: Doitsu Bungaku 49, 1972, S. 70–79.

Gareth S. *Penn* and Frederic C. *Tubach*: The Constellation of Characters in the ›Tristan‹ of Gottfried von Straßburg, in: MDU 64, 1972, S. 325–333.

Doris *Rosenband*: Das Liebesmotiv in Gottfrieds ›Tristan‹ und Wagners ›Tristan und Isolde‹, 1973 (= GAG, Nr. 94).

Ruth *Goldschmidt Kunzer*: The ›Tristan‹ of Gottfried von Strassburg: An Ironic Perspective, 1973.

Werner *Schröder*: Das Hündchen Petitcreiu im ›Tristan‹ Gotfrids von Straßburg, in: Dialog. Literatur und Literaturwissenschaft im Zeichen deutsch-französischer Begegnung. Festgabe für Josef Kunz, 1973, S. 32–42.

Ders.: *Die von Tristande hant gelesen.* Quellenhinweise und Quellenkritik im ›Tristan‹ Gottfrieds von Straßburg, in: ZfdA 104, 1975, S. 307–338.

Hans *Fromm*: Gottfried von Straßburg und Abaelard, in: Festschrift für

Ingeborg Schröbler zum 65. Geburtstag (= Beitr. 95 [Tüb.], Sonderheft), 1973, S. 196–216.

Lucy G. *Collings*: Structural Prefiguration in Gottfried's ›Tristan‹, in: JEGPh 72, 1973, S. 378–389.

Wilfried *Wagner*: Die Gestalt der jungen Isolde in Gottfrieds ›Tristan‹, in: Euph. 67, 1973, S. 52–59.

Klaus *Wittek*: Welt und Kunst im Tristanroman. Ein Beitrag zu einer geistesgeschichtlichen Standortbestimmung Gottfrieds von Straßburg, Diss. Köln, 1974.

Hans *Rolf*: Der Tod in mittelhochdeutschen Dichtungen. Untersuchungen zum St. Trudperter Hohenlied und zu Gottfrieds von Straßburg ›Tristan und Isolde‹, 1974 (= Medium Aevum, Bd. 26) (über den ›Tristan‹ S. 131–386).

Ilka *Büschen*: Sentimentalität. Überlegungen zur Theorie und Untersuchungen an mittelhochdeutschen Epen, 1974 (über den ›Tristan‹ S. 104–145).

Winfried *Hofmann*: Die Minnefeinde in der deutschen Liebesdichtung des 12. und 13. Jahrhunderts. Eine begriffsgeschichtliche und sozialliterarische Untersuchung, Diss. Würzburg, 1974.

Gertrud Jaron *Lewis*: Das Tier und seine dichterische Funktion in ›Erec‹, ›Iwein‹, ›Parzival‹ und ›Tristan‹, 1974 (über den ›Tristan‹ S. 143–175).

Marcelle *Thiébaux*: The Stag of Love. The Chase in Medieval Literature, 1974 (über den ›Tristan‹ S. 128–143).

Otto *Langer*: Der ›Künstlerroman‹ Gottfrieds – Protest bürgerlicher ›Empfindsamkeit‹ gegen höfisches ›Tugendsystem‹?, in: Euph. 68, 1974, S. 1–41.

Peter W. *Hurst*: The Evocation of Paradise in the ›Wiener Genesis‹ and in the ›Tristan‹ of Gottfried von Straßburg, in: Studien zur frühmittelhochdeutschen Literatur. Cambridger Colloquium 1971, hg. von L. P. Johnson, H.-H. Steinhoff und R. A. Wisbey, 1974, S. 215–234.

Ottmar *Carls*: Die Auffassung der Wahrheit im ›Tristan‹ Gottfrieds von Straßburg, in: ZfdPh 93, 1974, S. 11–34.

Rolf *Keuchen*: Typologische Strukturen im ›Tristan‹. Ein Beitrag zur Erzähltechnik Gottfrieds von Straßburg, Diss. Köln, 1975.

Klaus *Speckenbach*: Der Eber in der deutschen Literatur des Mittelalters, in: Verbum et Signum. 1. Bd.: Beiträge zur mediävistischen Bedeutungsforschung, hg. von H. Fromm u. a., 1975, S. 424–477 (über den ›Tristan‹ S. 471–476).

C. B. *Caples*: Brangaene and Isold in Gottfried von Strassburg's ›Tristan‹, in: Colloquia Germanica 9, 1975, S. 167–176.

Dietmar *Mieth*: Dichtung, Glaube und Moral. Studien zur Begründung einer narrativen Ethik. Mit einer Interpretation zum Tristanroman Gottfrieds von Straßburg (2. Teil: Analogie und Autonomie. Paradigma: Moral und Religion im ›Tristan‹ Gottfrieds von Straßburg, S. 116–247), 1976. [Dazu Kurt *Ruh*, AfdA 89, 1978, S. 117–129.]

Wolfgang *Jupé*: Die »List« im Tristanroman Gottfrieds von Straßburg. Intellektualität und Liebe oder die Suche nach dem Wesen der individuellen Existenz, 1976.

Ulrich *Ernst*: Gottfried von Straßburg in komparatistischer Sicht. Form und Funktion der Allegorese im Tristanepos, in: Euph. 70, 1976, S. 1–72.

Herbert *Herzmann*: Nochmals zum Minnetrank in Gottfrieds ›Tristan‹. Anmerkungen zum Problem der psychologischen Entwicklung in der mittelhochdeutschen Epik, in: Euph. 70, 1976, S. 73–94.

Gerrit J. *Oonk*: Eneas, Tristan, Parzival und die Minne, in: ZfdPh 95, 1976, S. 19–39.

Winfried *Christ*: Rhetorik und Roman. Untersuchungen zu Gottfrieds von Straßburg ›Tristan und Isold‹, 1977.

Susan L. *Clark* and Julian N. *Wasserman*: The Poetics of Conversion. Number Symbolism and Alchemy in Gottfried's ›Tristan‹, 1977.

Bert *Nagel*: Staufische Klassik. Deutsche Dichtung um 1200, 1977 (über Gottfried von Straßburg S. 100–141 und S. 605–657).

Andrée *Kahn Blumstein*: Misogyny and Idealization in the Courtly Romance, 1977.

Steven Roger *Fischer*: Dreams as a Literary Device in the Middle High German Precourtly, Courtly, and Heroic Epics (to the Younger Contemporaries of Gottfried and Wolfram), 1977 (über Gottfrieds ›Tristan‹ S. 148–157).

George T. *Gillespie*: Why does Tristan lie? A study of deception in Gottfried's ›Tristan‹, with some references to ›Felix Krull‹ and other writings of Thomas Mann, in: Triv. [Lampeter] 12, 1977, S. 75–91.

Silvia *Konecny*: Tristan und Marke bei Gottfried von Straßburg, in: Leuv. Bijdr. 66, 1977, S. 43–60.

Wolfgang *Beutin*: Zum Lebensweg des ›Helden‹ in der mittelhochdeutschen Dichtung (Erec, Iwein, Tristan, Parzival). Bemerkungen zur psychoanalytischen Sicht, in: LiLi 7, 1977, S. 39–57.

Marjorie D. *Wade*: Gottfried von Strassburg's Elder Isolde: Daz Wîse Wîp, in: Tristania 3, Nr. 1, 1977, S. 17–31.

Hans *Bayer*: Gralsburg und Minnegrotte. Die religiös-ethische Heilslehre Wolframs von Eschenbach und Gottfrieds von Straßburg, 1978 (= PhStQ, H. 93).

Dolores *Baumgartner*: Studien zu Individuum und Mystik im ›Tristan‹ Gottfrieds von Straßburg, 1978 (= GAG, Nr. 259).

Xenja von *Ertzdorff*: Die höfische Liebe im ›Tristan‹ Gottfrieds von Straßburg, in: Stauferzeit. Geschichte, Literatur, Kunst, hg. von R. Krohn u. a., 1978, S. 349–361.

Rüdiger *Krohn*: Erotik und Tabu in Gottfrieds ›Tristan‹: König Marke, in: Stauferzeit. [. . .], hg. von R. Krohn u. a., 1978, S. 362–376.

William C. *McDonald*: King Mark: Gottfried's Version of the Ovidian Husband-Figure?, in: Forum for Modern Language Studies 14, 1978, S. 255–269.

Dennis Howard *Green*: Irony in the Medieval Romance, 1979.

Dieter *Seitz*: Gottfried von Straßburg: ›Tristan‹, in: Winfried Frey · Walter Raitz · Dieter Seitz u. a.: Einführung in die deutsche Literatur des 12. bis 16. Jahrhunderts. Bd. 1: Adel und Hof – 12./13. Jahrhundert (= Grundkurs Literaturgeschichte), 1979, S. 222–261.

Lutz *Mackensen*: Stauferzeit, 1979.

Ferdinand *Urbanek*: Die drei Minne-Exkurse im ›Tristan‹ Gottfrieds von Straßburg, in: ZfdPh 98, 1979, S. 344–371.

Rudolf Wolfgang *Raab*: Gottfrieds ›Tristan‹. Eine sozialiterarische Interpretation, 1980 (= Diss. Univ. of California, Berkeley 1977).

Roy A. *Wisbey*: The *renovatio amoris* in Gottfried's ›Tristan‹, in: London German Studies 1, 1980, S. 1–66.

Sybille *Ries*: Erkennen und Verkennen in Gottfrieds ›Tristan‹ mit besonderer Berücksichtigung der Isold-Weißhand-Episode, in: ZfdA 109, 1980, S. 316–337.

Zum ›Tristan‹-*Prolog und zum Akrostichon:*

Carl von *Kraus*: Das Akrostichon in Gottfrieds ›Tristan‹, in: ZfdA 50, 1908, S. 220–222; dazu ZfdA 51, 1909, S. 373–377.

Jan Hendrik *Scholte*: Gottfrieds ›Tristan‹-Einleitung, in: ZfdPh 57, 1932, S. 25–32.

Ders.: Gottfrieds von Straßburg Initialenspiel, in: Beitr. 65, 1942, S. 280–302; wieder abgedruckt in: WdF, Bd. 320, 1973, S. 74–96.

Jean *Fourquet*: Le prologue du ›Tristan‹ de Gottfried. [. . .], in: Bulletin de la Faculté des Lettres de Strasbourg 31, 1952/53, S. 251–259.

Ders.: Le cryptogramme du ›Tristan‹ et la composition du poème, in: Et. Germ. 18, 1963, S. 271–276; in deutscher Übersetzung u. d. T.: Das Kryptogramm des ›Tristan‹ und der Aufbau des Epos wieder abgedruckt in: WdF, Bd. 320, 1973, S. 362–370.

Albrecht *Schöne*: Zu Gottfrieds ›Tristan‹-Prolog, in: DVjs. 29, 1955, S. 447–474; wieder abgedruckt in: WdF, Bd. 320, 1973, S. 147–181.

Helmut *de Boor*: Der strophische Prolog zum ›Tristan‹ Gottfrieds von Straßburg, in: Beitr. 81 (Tüb.), 1959, S. 47–60; wieder abgedruckt in: H. de B., Kleine Schriften, Bd. 1, 1964, S. 173–183.

Hennig *Brinkmann*: Der Prolog im Mittelalter als literarische Erscheinung. Bau und Aussage, in: WW 14, 1964, S. 1–21; wieder abgedruckt in: H. B., Studien zur Geschichte der deutschen Sprache und Literatur, Bd. II: Literatur, 1966, S. 79–105.

H. B. *Willson*: Gottfried's ›Tristan‹: The Coherence of Prologue and Narrative, in: MLR 59, 1964, S. 595–607.

Wolfgang *Spiewok*: Zur Interpretation des strophischen Prologs zum ›Tristan‹ Gottfrieds von Straßburg, in: WZGreifswald 13, 1964, S. 115–118.

Josef *Quint*: Ein Beitrag zur Textinterpretation von Gottfrieds ›Tristan‹ und Wolframs ›Parzival‹, in: Festschrift Helmut de Boor zum 75. Geburtstag [. . .], 1966, S. 71–91 (I zu Tristan v. 11–12, S. 71–82).

C. Stephen *Jaeger*: The ›Strophic‹ Prologue to Gottfried's ›Tristan‹, in: GR 47, 1972, S. 1–19.

Günter *Eifler*: Publikumsbeeinflussung im strophischen Prolog zum ›Tristan‹ Gottfrieds von Straßburg, in: Festschrift für Karl Bischoff zum 70. Geburtstag, 1975, S. 357–389.

Peter K. *Stein*: Formaler Schmuck und Aussage im »strophischen« Prolog zu Gottfrieds von Straßburg ›Tristan‹, in: Euph. 69, 1975, S. 371–387.

Gerd-Dietmar *Peschel*: Prolog-Programm und Fragment-Schluß in Gotfrits Tristanroman, 1976.

Barbara *Haupt*: Zum Prolog des ›Tristan‹ Gottfrieds von Straßburg. Prolegomenon zu einer wirkungs- und rezeptionsorientierten Untersuchung mittelalterlicher volkssprachlicher Prologe, in: Literatur – Publikum – historischer Kontext, 1977 (= Beiträge zur Älteren Deutschen Literaturgeschichte, Bd. 1, hg. von Gert Kaiser), S. 109–136.

Wolfgang *Dilg*: Zur Frage der Gliederung des ›Tristan‹-Prologs Gottfrieds von Straßburg, in: Euph. 71, 1977, S. 269–271.

Samuel *Jaffe*: Gottfried von Strassburg and the Rhetoric of History, in: Medieval Eloquence. Studies in the Theory and Practice of Medieval Rhetoric, ed. by J. J. Murphy, 1978, S. 288–318.

Johan H. *Winkelman*: *Da ist des lützelen ze vil.* Zur Erkenntnisproblematik in Gottfrieds Tristanroman, in: Neophil. 64, 1980, S. 244–261.

Zum Begriff ›edelez herze‹:

Friedrich *Vogt*: Der Bedeutungswandel des Wortes edel, 1908.

Olive *Sayce*: Der Begriff *edelez herze* im ›Tristan‹ Gottfrieds von Straßburg, in: DVjs. 33, 1959, S. 389–413.

Wolfgang *Spiewok*: Zum Begriff »edelez herze« bei Gottfried von Straßburg, in: WB 9, 1963, S. 27–41; wieder abgedruckt in: WdF, Bd. 320, 1973, S. 334–354.

Klaus *Speckenbach*: Studien zum Begriff *edelez herze* im ›Tristan‹ Gottfrieds von Straßburg, 1965 (= Medium Aevum, Bd. 6). [Dazu u. a. Alois *Wolf*, AfdA 72, 1966, S. 58–63.]

Hermann *Kunisch*: edelez herze – edeliu sêle. Vom Verhältnis höfischer Dichtung zur Mystik, in: Medievalia litteraria. Festschrift für Helmut de Boor zum 80. Geburtstag, 1971, S. 413–450.

Zum Gottesurteil (auch in anderen Tristandichtungen):

J[ohann] J[akob] *Meyer*: Isoldes Gottesurteil in seiner erotischen Bedeutung. Ein Beitrag zur vergleichenden Literaturgeschichte, 1914.

Friedrich *Ranke*: Isoldes Gottesurteil, in: Medieval Studies in Memory of Gertrude Schoepperle Loomis, 1927, S. 87–94; wieder abgedruckt in: F. R., Kleinere Schriften, 1971, S. 31–35.

Helaine *Newstead*: The Equivocal Oath in the Tristan Legend, in: Mélanges offerts à Rita Lejeune, 1969, Vol. II, S. 1077–1085.

Ralph J. *Hexter*: Equivocal oaths and ordeals in medieval literature, 1975.

Kenneth L. *Schmitz*: Shapes of Evil in Medieval Epics: A Philosophical Analysis, in: The Epic in Medieval Society. Aesthetic and Moral Values, ed. by H. Scholler, 1977, S. 37–63.

Thomas *Kerth*: With God on her side. Isolde's »Gottesurteil«, in: Colloquia Germanica 11, 1978, S. 1–18.

Werner *Schröder*: Text und Interpretation. Das Gottesurteil im ›Tristan‹ Gottfrieds von Straßburg, 1979 (= Sitzungsberichte der Wissenschaftl.

Gesellschaft an der Johann Wolfgang Goethe-Universität Frankfurt am Main, Bd. XVI, Nr. 2).

Rüdiger *Schnell*: Rechtsgeschichte und Literaturgeschichte. Isoldes Gottes-urteil, in: Akten des VI. Internationalen Germanisten-Kongresses Basel 1980, Teil 4 (= JbIG, Reihe A, Bd. 8, 4), 1980, S. 307–319.

Zu den Gottesurteilen aus historischer Sicht:

Charlotte *Leitmaier*: Die Kirche und die Gottesurteile. Eine rechtshistori-sche Studie, 1953.

Hermann *Nottarp*: Gottesurteilstudien, 1956.

Zur Minnegrotte (und der sie umgebenden Ideallandschaft):

Friedrich *Ranke*: Die Allegorie der Minnegrotte in Gottfrieds ›Tristan‹, 1925 (= Schriften der Königsberger Gelehrten Gesellschaft. Geisteswiss. Kl., 2. Jg., H. 2); wieder abgedruckt in: F. R., Kleinere Schriften, 1971, S. 13–30, und in: WdF, Bd. 320, 1973, S. 1–24.

Rainer *Gruenter*: Der *vremede hirz,* in: ZfdA 86, 1955/56, S. 231–237.

Ders.: Bauformen der Waldleben-Episode in Gotfrids ›Tristan und Isold‹, in: Gestaltprobleme der Dichtung, Günther Müller zu seinem 65. Geburtstag, 1957, S. 21–48.

Ders.: Das *wunnicliche tal,* in: Euph. 55, 1961, S. 341–404.

Frederic C. *Tubach*: The ›Locus Amoenus‹ in the ›Tristan‹ of Gottfried von Straßburg, in: Neophil. 43, 1959, S. 37–42.

Michael S. *Batts*: The idealised landscape in Gottfried's ›Tristan‹, in: Neophil. 46, 1962, S. 226–233.

Herbert *Kolb*: Der *Minnen hus.* Zur Allegorie der Minnegrotte in Gott-frieds ›Tristan‹, in: Euph. 56, 1962, S. 229–247; wieder abgedruckt in: WdF, Bd. 320, 1973, S. 305–333.

Peter C. *Ober*: Alchemy and the ›Tristan‹ of Gottfried von Straßburg, in: MDU 57, 1965, S. 321–335.

Johannes *Rathofer*: Der ›wunderbare Hirsch‹ der Minnegrotte, in: ZfdA 95, 1966, S. 27–42; wieder abgedruckt in: WdF, Bd. 320, 1973, S. 371–391.

Gareth S. *Penn*: Gottfried von Straßburg and the Invisible Art, in: Collo-quia Germanica 6, 1972, S. 113–125.

C. Stepen *Jaeger*: The Crown of Virtues in the Cave of Lovers Allegory of Gottfried's ›Tristan‹, in: Euph. 67, 1973, S. 95–116.

Ders.: On Recent Interpretations of Gottfried's ›Tristan‹, Lines 17031–17057, in: MDU 70, 1978, S. 375–383.

Constantine *Kooznetzoff* and Doreen *Gillam*: The Cave Revisited: Some New Light on the ›Minnegrotte‹ in Gottfried's ›Tristan‹, in: Iceland and the Mediaeval World. Studies in Honour of Ian Maxwell, 1974, S. 90–100.

Herbert *Herzmann*: Warum verlassen Tristan und Isolde die Minnehöhle? Zu Gottfrieds ›Tristan‹, in: Euph. 69, 1975, S. 219–228.

G. Richard *Dimler*: *Diu fossiure in dem steine:* An Analysis of the Allegorical Nomina in Gottfried's ›Tristan‹ (16923–17070), in: ABÄG 9, 1975, S. 13–46.

s. auch den Aufsatz von Werner *Betz* (oben, S. 108).

Zu Wortschatz und Wortbedeutung im ›Tristan‹:

Jost *Trier*: Der deutsche Wortschatz im Sinnbezirk des Verstandes. Die Geschichte eines sprachlichen Feldes, Bd. I: Von den Anfängen bis zum Beginn des 13. Jahrhunderts, 1931 (über Gottfried S. 279–300).

Ernst-Alfred *Jauch*: Untersuchung der Begriffe ›tugent‹, ›saelde‹, ›triuwe‹ und ›edelez herze‹ im ›Tristan‹ Gottfrieds von Straßburg, Diss. Freiburg i. Br., 1951 [Masch.-Schr.].

Frederik *Mosselman*: Der Wortschatz Gottfrieds von Straßburg, Diss. Amsterdam, 1953.

Gertrud *Hermans*: List. Studien zur Bedeutungs- und Problemgeschichte, Diss. Freiburg i. Br., 1953 [Masch.-Schr.] (über den ›Tristan‹ S. 169–232).

Günter Ekfried *Maier*: Die Feldlehre und ihr Gegensatz zu den tatsächlichen Sprachgegebenheiten. Untersucht an Wörtern des Freudebereiches in Gottfrieds ›Tristan‹, Hartmanns ›Armem Heinrich‹ und ›Iwein‹ und im Nibelungenlied, Diss. Köln, 1955 [Masch.-Schr.].

Gisela *Spiess*: Die Bedeutung des Wortes ›triuwe‹ in den mittelhochdeutschen Epen ›Parzival‹, Nibelungenlied und ›Tristan‹, Diss. Heidelberg, 1957 [Masch.-Schr.].

Marion *Endres*: Word Field and Word Content in Middle High German. The Applicability of Word Field Theory to the Intellectual Vocabulary in Gottfried von Strassburg's ›Tristan‹, 1971.

Robert D. *King*: »Triuwe« in Gottfried's ›Tristan‹, in: The Canadian Journal of Linguistics 17, 1972, S. 159–166.

s. auch Friedrich *Maurers* ›Leid‹-Buch (oben, S. 106).

Zahlreiche weitere Untersuchungen verzeichnet Hans-Hugo *Steinhoff*, Bibliographie zu Gottfried von Straßburg, 1971, S. 55–59.

g) Zur Form des ›Tristan‹ (Aufbau, Bauformen, Sprachkunst u. a.):

Bruno *Dittrich*: Die Darstellung der Gestalten in Gottfrieds ›Tristan‹, Diss. Greifswald, 1914.

Jan Hendrik *Scholte*: Symmetrie in Gottfrieds ›Tristan‹, in: Vom Werden des deutschen Geistes. Festgabe Gustav Ehrismann [. . .], 1925, S. 66–79.

Kurt Herbert *Halbach*: Gottfried von Straßburg und Konrad von Würzburg. ›Klassik‹ und ›Barock‹ im 13. Jahrhundert. Stilgeschichtliche Studie, 1930.

Stanislaw *Sawicki*: Gottfried von Straßburg und die Poetik des Mittelalters, 1932, Nachdruck 1967.

Heinz *Scharschuch*: Gottfried von Straßburg. Stilmittel – Stilästhetik, 1938, Nachdruck 1967.

J. G. *Roeland*: Bilaterale Symmetrie bei Gottfried von Straßburg, in: Neophil. 27, 1942, S. 281–290.

Marie-Luise *Gräff*: Studien zum Kunst- und Stilwandel des XIII. Jahrhunderts. Gotfrid von Straßburg: ›Tristan und Isolde‹, Rudolf von Ems: ›Willehalm‹, Konrad von Würzburg: ›Engelhard‹, ›Reinfrid von Braunschweig‹, Diss. Tübingen, 1947 [Masch.-Schr.].

Dennis Howard *Green*: Konrads ›Trojanerkrieg‹ und Gottfrieds ›Tristan‹. Vorstudien zum Gotischen Stil in der Dichtung, Diss. Basel, 1949.

Daniel-Hermann *Schorn*: Die Zeit in den Tristandichtungen Eilharts und Gotfrids. Studie zur Wirklichkeitsauffassung in mittelalterlichen Dichtungen, Diss. Köln, 1952 [Masch.-Schr.].

Rainer *Gruenter*: Zum Problem der Landschaftsdarstellung im höfischen Versroman, in: Euph. 56, 1962, S. 248–278.

Wolfgang *Mohr*: ›Syntaktisches Werbe- und Liebesspiel‹. Zu einem sprachlichen Kunstgriff in mittelalterlicher Lyrik und Epik, in: Beitr. 81 (Tüb.), 1959, S. 161–175.

Walter Johannes *Schröder*: Bemerkungen zur Sprache Gottfrieds von Straßburg, in: Volk, Sprache, Dichtung. Festgabe für Kurt Wagner, 1960, S. 49–60; wieder abgedruckt in: W. J. Sch., *rede* und *meine*. Aufsätze und Vorträge zur deutschen Literatur des Mittelalters, 1978, S. 385–395.

Hans J. *Bayer*: Untersuchungen zum Sprachstil weltlicher Epen des deutschen Früh- und Hochmittelalters, 1962 (= PhStQ, H. 10).

Ingrid *Hahn*: Raum und Landschaft in Gottfrieds ›Tristan‹. Ein Beitrag zur Werkdeutung, 1963 (= Medium Aevum, Bd. 3). [Dazu u. a. Hans *Fromm*, AfdA 78, 1967, S. 164–170; wieder abgedruckt in: WdF, Bd. 320, 1973, S. 414–423.]

Ingrid *Thomsen*: Darstellung und Funktion der Zeit im Nibelungenlied, in Gottfrieds von Straßburg ›Tristan‹ und in Wolframs von Eschenbach ›Willehalm‹, Diss. Kiel, 1963 [Masch.-Schr.].

Hans-Hugo *Steinhoff*: Die Darstellung gleichzeitiger Geschehnisse im mittelhochdeutschen Epos. [. . .], 1964 (= Medium Aevum, Bd. 4).

W. T. H. *Jackson*: The Stylistic Use of Word-Pairs and Word-Repetitions in Gottfried's ›Tristan‹, in: Euph. 59, 1965, S. 229–251.

Alois *Wolf*: Zu Gottfrieds literarischer Technik, in: Sprachkunst als Weltgestaltung. Festschrift für Herbert Seidler, 1966, S. 384–409.

William C. *Crossgrove*: Numerical Composition in Gottfried's ›Tristan‹. The Petitcreiu Episode, in: MLQ 30, 1969, S. 20–32.

Wiebke *Freytag*: Das Oxymoron bei Wolfram, Gottfried und anderen Dichtern des Mittelalters, 1971 (= Medium Aevum, Bd. 24).

Louis *Gravigny*: La composition de ›Tristan‹ de Gottfried de Strasbourg et les initiales dans les principaux manuscrits et fragments, in: Et. Germ. 26, 1971, S. 1–17.

Yoshihiro *Koga*: Die Litotes im ›Tristan‹ Gottfrieds von Straßburg, in: Doitsu Bungaku 46, 1971, S. 119–131.

Josef *Klein*: Textlinguistische Studien zu Gottfrieds von Straßburg ›Tristan‹, Diss. Aachen, 1972.

H. D. *Dickerson*: Language in ›Tristan‹ as a Key to Gottfried's Conception of God, in: ABÄG 3, 1972, S. 127–145.

Hugo *Kuhn*: ›Tristan‹, Nibelungenlied, Artusstruktur, 1973 (= MSB, Jg. 1973, H. 5); wieder abgedruckt in: H. K., Liebe und Gesellschaft, 1980 (= Kleine Schriften, Bd. 3), S. 12–35, dazu Anmerkungen S. 179–180.

Heinz *Klingenberg*: *Si las Isot, si las Tristan*. Das Kreuz im ›Tristan‹ Gottfrieds von Straßburg, in: Strukturen und Interpretationen. Studien zur deutschen Philologie gewidmet Blanka Horacek zum 60. Geburtstag, 1974, S. 145–161.

Susan L. *Clark* and Julian N. *Wasserman*: Implications of Quantification: Numeric Tension in Gottfried's ›Tristan‹, in: Tristania 1, Nr. 2, 1976, S. 3–26.

Philip *Grundlehner*: Gottfried's ›Tristan‹: The Language of Love in Courtly Society, in: Tristania 1, Nr. 2, 1976, S. 27–52.

Gertrud Jaron *Lewis*: Die Metapher als Motiv in Gottfrieds ›Tristan‹, in: Kommunikative Metaphorik. Die Funktion des literarischen Bildes in der deutschen Literatur von ihren Anfängen bis zur Gegenwart, hg. und eingeleitet von Holger A. Pausch, 1976, S. 36–60.

Regina *Ayre*: The Metaphorical Imagery of Gottfried von Strassburg, Diss. Columbia University, 1977.

Jean-Marc *Pastré*: Rhétorique et adaption dans les œuvres allemandes du Moyen-Age, 1979.

Christoph *Huber*: Wort-Ding-Entsprechungen. Zur Sprach- und Stiltheorie Gottfrieds von Straßburg, in: Befund und Deutung. Zum Verhältnis von Empirie und Interpretation in Sprach- und Literaturwissenschaft. Hans Fromm zum 26. Mai 1979 von seinen Schülern. Hg. von Klaus Grubmüller u. a., 1979, S. 268–302.

s. auch die Untersuchungen von Aaltje *Dijksterhuis* und Heinz *Stolte* (oben, S. 56). Literatur zum *locus amoenus* im ›Tristan‹ vgl. oben, S. 114.

Weitere Arbeiten, besonders ältere, verzeichnet in großer Zahl Hans-Hugo *Steinhoff*, Bibliographie zu Gottfried von Straßburg, 1971, im Abschnitt XII.: Sprache und Form.

Literatur zur Verskunst Gottfrieds s. oben, S. 30.

h) Zur Wirkungs- und Rezeptionsgeschichte des ›Tristan‹:
h₁: Mittelalter:

s. die ausführlichen Literaturangaben bei Hans-Hugo *Steinhoff*, Bibliographie zu Gottfried von Straßburg, 1971, S. 39–43.

Beispiele neuerer Untersuchungen:

Burghart *Wachinger*: Zur Rezeption Gottfrieds von Straßburg im 13. Jahrhundert, in: Deutsche Literatur des späten Mittelalters. Hamburger Colloquium 1973, hg. von W. Harms und L. P. Johnson, 1975, S. 56–82.

Walter *Haug*: Rudolfs ›Willehalm‹ und Gottfrieds ›Tristan‹: Kontrafaktur als Kritik, in: Deutsche Literatur des späten Mittelalters. [. . .], 1975, S. 83–98.

Bernward *Plate*: Gottfried-Rezeption im Prosa-Eilhart?, in: Euph. 71, 1977, S. 250–268.

h₂: Neuzeit:

Literatur zu den Tristandichtungen des 19. und 20. Jahrhunderts findet man verzeichnet bei Franz Anselm *Schmitt*, Stoff- und Motivgeschichte der deutschen Literatur. Eine Bibliographie, 3., völlig neu bearbeitete und erweiterte Auflage, 1976, S. 344–345, und bei Hans-Hugo *Steinhoff*, Bibliographie zu Gottfried von Straßburg, 1971, S. 96–97. – Als Beitrag aus jüngster Zeit sei genannt:

Peter *Stein*: Literaturgeschichte – Rezeptionsforschung – »Produktive Rezeption«. Ein Versuch unter mediävistischem Aspekt anhand von Beobachtungen zu Günter de Bruyns Nachdichtung von Gottfrieds von Straßburg ›Tristan‹ im Kontext der wissenschaftlichen und kulturpolitischen Situation der DDR, 1979 (= GAG, Nr. 287).

REGISTER

(Verzeichnis der genannten Autoren. Nur als Herausgeber von Samme werken erwähnte Wissenschaftler sind nicht berücksichtigt.)

SAMMLUNG METZLER

J. B. METZLER

Printed in the United States
By Bookmasters